日本語
JAPANISCH CRASHKURS

MARÍA FERRER & DAVID RAMÍREZ

LAYOUT: ÁNGEL-MANUEL YBÁÑEZ

TOKYOPOP GmbH
Bahrenfelder Chaussee 49, Haus B
22761 Hamburg

TOKYOPOP
1. Auflage, 2010
Deutsche Ausgabe/German Edition

Aus dem Spanischen von Nicole Biarnés Kiefer
Rechtschreibung gemäß DUDEN, 25. Auflage

Redaktion: Elke Benesch
Lettering: Datagrafix, Inc.
Herstellung: Rita Geers
Druck und buchbinderische Verarbeitung:
CPI–Clausen & Bosse GmbH, Leck
Printed in Germany

ISBN 978-3-86719-741-0

www.tokyopop.de

日本語
JAPANISCH CRASHKURS

MARÍA FERRER & DAVID RAMÍREZ
LAYOUT: ÁNGEL-MANUEL YBÁÑEZ

2

TOKYOPOP®
HAMBURG // LONDON // LOS ANGELES // TOKYO

INHALTSVERZEICHNIS

DANKSAGUNG

Ich möchte all jenen einige Zeilen zum Dank widmen, die auf irgendeine Art und Weise an dem Vorankommen von *Japanisch Crashkurs* beteiligt waren.
Ich danke auch unseren Lesern, die sich durch den ersten Band geackert haben und sich nun darauf freuen, mit uns im zweiten Band noch mehr zu lernen.

María Ferrer

• • •

Danke an alle, die jemals einen meiner Comics gekauft haben. Danke an alle, die irgendwann mal in einer Schlange um ein Autogramm von mir angestanden haben. Danke an alle meine Fans, die sich für meine neusten Projekte interessieren. Schließlich und endlich danke ich allen, die mir und meinen verrückten Ideen ein wenig ihrer Zeit geopfert haben, gerade opfern oder noch opfern werden.

David Ramírez

1 Die richtige Anrede wählen

Im Japanischen benutzt man für bestimmte Situationen verschiedene **Höflichkeitsformeln**. So gibt es unterschiedliche Floskeln zur Begrüßung oder zum Abschied, Ausdrücke des Vorstellens oder auch des Dankes ... Im Manga kommen solche Situation häufig vor. Die Art und Weise der Anrede richtet sich dabei ganz danach, **an wen** der Sprecher sich gerade wendet, nach der **Tageszeit** und danach, ob die Unterhaltung in einem **Büro**, in einer familiären Umgebung oder **unter Freunden** stattfindet. Ein und dieselbe Person benutzt daher ganz unterschiedliche Formulierungen, um ein und dasselbe auszudrücken. Je nachdem, wo und mit wem sie sich gerade unterhält. In dem vorliegenden Abschnitt wirst du diese Formulierungen kennenlernen und erfährst außerdem, was sie **über die rein wörtliche Bedeutung hinaus noch ausdrücken.**

1. Mehr als bloß *Konnichi wa*!

おはよう（ございます）

Ohayô (gozaimasu): »Guten Morgen.« Dies ist der morgendliche Gruß, den man bis 11 Uhr vormittags benutzt. Die vollständige Begrüßungsfloskel (mit dem in Klammern stehenden Element) ist formeller und wird von den Japanern benutzt, wenn man zum Beispiel einen Lehrer, den Chef oder eine andere sozial höherstehende Person begrüßt. Zwischen Arbeitskollegen oder Klassenkameraden ist diese verkürzte Begrüßung jedoch ganz normal und wird häufig benutzt. In der Regel wird dieser Gruß auch noch von einer kleiner Verbeugung des Oberkörpers und der entsprechenden Onomatopöie begleitet: ぺこっ (*peko*) oder auch ぺこり (*pekori*) und ぺこん (*pekon*).

こんにちは

Konnichi wa:
»Guten Tag.« So begrüßen sich die Japaner von 11 Uhr morgens bis zum frühen Abend.

こんばんは

Konban wa: »Guten Abend.«
Mit diesem Ausdruck grüßt man sich gegen Abend, wünscht sich damit aber nicht eine gute Nacht.

1. Lies den 4-Panel-Strip. Wenn du die Kana noch nicht so gut beherrschst, kannst du die Zeichen, die du nicht kennst, hinten im Buch nachschlagen. Achte auf das erste Panel. Warum benutzt Mayu hier die formelle Begrüßung?

- おはようございます (*ohayô gozaimasu*) ist der formelle Gruß, den man morgens in Japan benutzt. Da Mayu im *Konbini** mit ihrem Chef spricht, handelt es sich um eine Situation, die eine formelle Sprache erfordert. Mayu muss ihren Chef in der respektvollen Form ansprechen. Dieser wiederum lässt ございます einfach weg.

*Supermärkte, die rund um die Uhr geöffnet sind.

2. Lies die Sprechblasen der Panel 2 und 3 zusammen mit der Übersetzung. Schlag neue Wörter nach und suche die Partikeln und die Verben!

長岡くんは今日も来ていませんか。

ああ。そうだ、ちょっと残念だが、黒谷さんの友達はなぁ…

休みが多すぎて…

辞めてもらうしかなかったんだ。わかってくれればいいんだけど。

Du kennst nun schon die **Partikeln** は (*wa*), か, (*ka*), の (*no*) und が (*ga*): Subjekt, Frage, Possessiv oder Namensergänzung und Subjekt. Mithilfe dieser Kenntnisse kannst du erkennen, wozu die Elemente **um die jeweilige Partikel herum** dienen. Wenn du in Band 1 gut aufgepasst hast, fehlen dir nur noch die hier markierten Elemente, um auch den Rest verstehen zu können.

Folgende Elemente **kennst du noch nicht**:
も als Partikel in der Bedeutung »auch«.
が ist hier keine Subjektpartikel, sondern eine adversative Konjunktion ähnlich wie »aber«. Diese Partikeln werden wir im Abschnitt **Mangalesen leicht gemacht** noch genauer behandeln.

もらう ist zusammen mit der *te*-Form wie in 辞めてもらう (*yamete morau*) eine typische Konstruktion des Japanischen. Sie wird immer dann benutzt, wenn man ausdrücken will, dass eine Handlung für denjenigen, der sie erfährt, von Vorteil ist. Das werden wir euch in **Die Handlung im Manga** aber noch genauer erklären.

しか ist ein Adverb, das mit dem Verb ある in seiner negativen Form (なかった) benutzt wird und »nur« bedeutet. Hiermit wird so etwas wie: »Man hat ja keine Wahl!«, »Was kann man da schon tun!«, »Es bleibt einem ja nichts anderes übrig!«, ausgedrückt. Aber Achtung! Im 4-Panel-Strip steht das Adverb in der Vergangenheitsform.

メモ

ああ	doch
休み	Urlaub (auf der Arbeit)
多すぎる	zu viel (Menge)
辞める	aufhören / aufgeben
がっかりする	deprimiert sein / enttäuscht sein

> Warum steht in der Vokabelliste, dass ああ »doch« heißt, obwohl in der Übersetzung »nein« steht? Weil die Frage negativ formuliert ist. Man beantwortet sie mit »doch«, auch wenn die Bedeutung eigentlich »nein« ist. Siehe dazu **Der Dialog im Manga**.

1

ドイツ語

1a Guten Morgen.

1b Guten Morgen.

2a Ist Nagaoka heute wieder nicht gekommen?

2b Nein. Ich muss dir leider eine traurige Mitteilung wegen deines Freundes machen.

3b Er hat auf der Arbeit einfach zu oft gefehlt.

3b Ich konnte schließlich nicht anders und musste ihn entlassen. Tut mir leid ...

4a La la la la la ...

4b Sehr traurig scheint sie nicht zu sein ...?!

2. Wie man sich vorstellt

In Band 1 kommt keine Szene mit einer formellen Vorstellung vor. Die handelnden Personen verkehren freundschaftlich miteinander und begrüßen sich daher informell, sogar wenn sie sich das erste Mal treffen wie zum Beispiel Seiichi im Konbini.

Über diese informellen Begrüßungsanreden von Band 1 hinaus können im Manga aber noch diverse andere Begrüßungsformeln für formellere Situationen vorkommen.

まゆです。はじめまして、どうぞよろしく。
Mayu desu. Hajimemashite. Dôzo yoroshiku.
Ich bin Mayu. Sehr erfreut. Nett, Sie kennenzulernen.

どうぞよろしく kann zusammen mit おねがいします (*onegai shimasu*) stehen oder auch zusammen mit おねがいいたします (*onegai itashimasu*) vorkommen. Letztere Form ist noch höflicher.

In der Antwort muss dann vor der Vorstellungsformel noch der Ausdruck こちらこそ (*kochirakoso*) stehen:

こちらこそどうぞよろしく。
Kochira koso dôzo yoroshiku.
Die Freude ist ganz meinerseits.

Verzettel dich nicht in einzelne Wörter!
Versuch, den Sinn im Zusammenhang zu finden!

Denk daran, dass diese Ausdrücke feststehende Begriffe sind, die nicht wörtlich übersetzt werden können. はじめまして bedeutet wortwörtlich: »Es ist das erste Mal, dass wir uns sehen.« どうぞよろしく (おねがいします) heißt: »Bitte, behandeln Sie mich gut.« Aber was soll damit eigentlich ausgedrückt werden? Genau dasselbe wie mit unseren Begrüßungsfloskeln: »Sehr erfreut!«, »Angenehm!«, »Nett, Sie kennenzulernen«, oder ähnliche Ausdrücke, die wir im Deutschen verwenden.

3. Nicht einfach bloß *Sayonara*!

In Band 1 sind schon einige informelle Abschiedsfloskeln wie »bis bald« oder »man sieht sich« vorgekommen. In den nächsten 4-Panel-Strips wirst du auch formellere Ausdrücke kennenlernen, die man in ganz bestimmten Situationen benutzt; wie zum Beispiel beim Verlassen des Büros, beim Verabschieden zu Hause oder beim vorzeitigen Verlassen der Arbeitsstätte.

いってきます *itte kimasu* / **いってまいります** *itte mairimasu*
Ich gehe. [Wörtlich: »Ich gehe und komme wieder zurück.«]

いってらっしゃい *itterasshai*
Bis bald. [Wörtlich: »Geh und komm zurück.«]

いってまいります ist formeller als いってきます. Auf diesen Gruß erwidert man いってらっしゃい (*itterasshai*), das eine verkürzte Form von いっていらっしゃい (*itte irasshai*) ist. Diese Form kommt im Manga häufig vor, weil sie mehr dem gesprochenen Japanisch entspricht.

お先に (失礼します)
osaki ni (shitsurei shimasu)
Ich gehe schon. [Wörtlich: »Es tut mir leid, dass ich früher gehe als Sie.«]

長岡くんによろしく
Nagaoka-kun ni yoroshiku.
Grüße an Nagaoka.

お元気で
ogenki de
Pass auf dich auf!

さよなら

Der berühmte Ausdruck ***sayonara*** wird nur benutzt, wenn sich zwei Personen verabschieden, die sich eine ganze Weile nicht sehen werden. Man kann es さようなら (mit langem ô) oder さよなら (o wird nicht verlängert) schreiben.

Wie liest man das? *Ja na.* **Was bedeutet das?** Na dann, bis später!

LESEN!

1. Lies den 4-Panel-Strip und versuch, mithilfe der Vokabelliste die neuen Wörter und Ausdrücke zu verstehen. Such dabei zunächst die Partikeln und dann die Verben am Satzende. Diese Tabelle zeigt dir die Verben und Zeiten, die im Folgenden vorkommen (1a, 1b etc.). Wobei 1a = Panel 1, Sprechblase a, 2b = Panel 2, Sprechblase b bedeutet usw.

Sprechblase	Partikel	Verb	Tempus
1a	は		Verb sein (です) **weggelassen**
1b		だ	umgangssprachliches, affirmatives Präsens (です)
2a		いたします です	affirmatives Präsens (いたす) affirmatives Präsens (です)
2b	を ... か	すれば でしょう	Konditional (する) formeller Vorschlag （です）
3a	が	あれば 行って下さい 働きたいんです	Konditional (ある) Imperativ (いく) *tai*-Form (働く)
4a	か	泣いているんです	*teiru*-Form (泣く) + Verb sein (です)
4b	が	いる	Infinitiv (いる)

Die Konditionalformen werden wir in Band 3 kennenlernen. Die *te*-Form als (konjunktives) Bindeglied werden wir im Kapitel **Mangalesen leicht gemacht** behandeln.

2. Achte in Panel 3 und 4 auf die Verben, die nicht am Satzende, sondern vor der Partikel stehen, und auf die Elemente, die in der Nähe dieser Verben auftauchen. Überlege dir, welche Funktion sie haben könnten.

	[helfen können]		[wenn ich hätte]	[sag es bitte]
3a	**手伝えること**	**が**	**あれば、**	**言って下さい。**
	Tetsudaeru koto	*ga*	*areba*	*itte kudasai.*

Sag mir, wie ich dir helfen kann.

Achtung: Es handelt sich hier um zwei unabhängige Sätze, die durch ein Komma getrennt sind. Achte auf den ersten Satz1!

	[viel arbeiten Kollege]		[haben]	[die Tatsache, dass]
4b	**良く働く仲間**	**が**	**いる**	**なんて…**
	Yoku hataraku nakama	*ga*	*iru*	*nante ...*

Ein Kollege, der (viel) arbeitet!

メモ

はじめまして	sehr erfreut
いただく	empfangen (höflich)
よろしくおねがいいたします	ganz meinerseits
手伝える	helfen können

注意!

Warum stehen Verben vor der Partikel? In beiden Fällen steht ein **Nomen** (oder eine Nominalphrase) **vor** der Partikel: Im ersten Satz handelt es sich um ein **nominalisiertes** Verb, ein Verb also, das wie ein Nomen agiert (siehe hierzu **Der Dialog im Manga, Band 1**). Im zweiten Fall wird das Nomen durch einen **Nebensatz** (untergeordnete Sätze werden wir im nächsten Band behandeln) modifiziert.

2

ドイツ語

- 1a Das ist Kurumada. Sie ist deine neue Kollegin.
- 1b Sehr erfreut.
- 2a Ganz meinerseits. Ich heiße Kurotani.
- 2b Was soll ich machen?
- 3a Sag mir, wie ich dir helfen kann. Ich will gleich mit der Arbeit beginnen!
- 4a W...W... Warum weinst du denn ...?
- 4b Eine Kollegin, die wirklich arbeitet!

LESEN!

1. Lies den 4-Panel-Strip und achte auf die Verben und ihre Endungen! Vergleiche sie mit den Verbformen der Übersetzung.

   – 着替えました → förmliche Vergangenheitsform (着替える)
   – 行って来る → *te*-Form （行く）+ Infinitiv (来る) (siehe Band 1, Seite 104)
   – 帰らせていただいて → diese Form heißt **Kausativ**. Sie erscheint hier zusammen mit dem Verb *itadaku* in der *te*-Form. Diese Form wird benutzt, um das Empfangen einer positiven Handlung zu bezeichnen.
   – なりました → förmliche Vergangenheitsform (なる)
   – 働いた → informelle Vergangenheitsform （働く）
   – 待っている → progressive *te*-Form (待つ) (siehe Band 1, Seite 108)
   – 急いでなかった → progressive *te*-Form in negativer Vergangenheitsform (急ぐ)

2. Finde die Partikeln und überprüfe ihre jeweiligen Funktionen!

   – わ → Ausruf (Satzendpartikel, von Frauen benutzt)
   – も → Subjekt (bedeutet »auch«)
   – が → Subjekt
   – よ → Ausruf (Satzendpartikel)

   In 急いでいる<u>って</u>言ってなかった ist die unterstrichene Form keine *te*-Form, sondern ein Zitatmarker. Diese Form hat dieselbe Funktion wie die Partikel と zum Kennzeichnen von Zitaten.

   Rufe dir auch die Ausdrücke des Dankes noch mal in Erinnerung. Sieh dir dazu den Abschnitt **Tausend Dank – verschiedene Formen des Dankes** an und vergleiche die Erklärungen mit dem Dialog.

3. Sieh dir den letzten Satz in der Sprechblase 3a genauer an!

それより	友達の愛川くん	が	まっている	よ
adverbiale Redensart	Subjekt	Subjekt-partikel	Verb in progressiver *te*-Form	Satzend-partikel

Die adverbiale Redensart markiert einen Themawechsel im Gespräch. Die **Partikeln** markieren die vorhergehenden Elemente. Die Satzendpartikel weist darauf hin, dass es sich hierbei um einen **Ausruf** handelt. Die entsprechende Verbform ist *-te + iru* oder die progressive *te*-Form. Auf Deutsch wird diese Verbform durch einen Ausdruck wie »gerade dabei sein, etwas zu tun« umschrieben.

Achte auf das Subjekt des vorangehenden Satzes. Welche Funktion hat die Partikel の? Hier handelt es sich um eine **Apposition**, dass heißt, die Partikel bestimmt 愛川くん näher und ergänzt die Person um die Information 友達. In diesem Fall müsste die Übersetzung »dein Freund Aikawa« lauten. Wir wissen nur aus dem **Kontext** heraus, dass es »dein Freund« heißt: Auch wenn das Possessivpronomen nicht ausdrücklich erscheint, wissen wir, dass Kei auf Mayu wartet.

Der Kontext ist ein wichtiger Anhaltspunkt zum Verständnis des Textes. Auf diesen solltest du immer achten!

メモ

お世話になりました	Danke für Ihre Bemühungen!
とんでもない	kommt gar nicht infrage
それより	ach übrigens / apropos
急ぐ	sich beeilen / sich abhetzen

In Japan ist es nach wie vor sehr verpönt, das Büro vor dem Chef zu verlassen. Du hast bestimmt schon von den Kapselhotels gehört: Wenn ein japanischer Arbeitnehmer Überstunden machen muss und die letzte Bahn verpasst, mit der er nach Hause fahren könnte, dann bleibt ihm nichts anderes übrig, als in einem dieser Kapselhotels zu übernachten. Sie sind die billigste und praktischste Art, die Zeit zu überbrücken, bis man wieder zur Arbeit gehen kann.

ドイツ語

1a Ich bin fertig. Ich geh dann schon mal!

2a Danke, dass ich schon gehen darf, Chef.

2b Ich danke Ihnen für Ihre Bemühungen.

3a Schon in Ordnung. Kurumada und du, ihr habt sehr viel vorgearbeitet. Ach übrigens, dein Freund Aikawa wartet auf dich.

3b Aikawa?

4a Kurotani ... Ich dachte, du hättest es sehr eilig!

LESEN!

1. Lies den gesamten 4-Panel-Strip, finde neue Wörter mithilfe der Vokabelliste und achte auf Formulierungen, mit denen Dank ausgedrückt wird!

Die Form aus dem vorangehenden 4-Panel-Strip wird hier wiederholt.
Die Antwort ist einfach: いいえ (wörtlich »nein«) wie in »dafür nicht«, »gern geschehen«, »ist doch selbstverständlich«.

2. Finde die unterschiedlichen Partikeln und überprüfe ihre Funktionen!

- を → direktes Objekt
- に → Richtung
- には → Kombination aus Richtung und Thema (*ni* + *wa*)
- で → Mittel
- の → Possessiv
- は → Thema
- が → Subjekt

Achte auf das Element, das jeweils vor der Partikel steht, um die Funktion des Syntagmas oder der Wortgruppe zu verstehen.

注意!

In der zweiten Sprechblase in Panel 4 endet 手を出すな mit な (*na*), obwohl es keine Partikel ist. Hierbei handelt es sich um einen **negativen Imperativ**. Er wird aus Infinitiv + な gebildet.
Beispiel:
動く (うごく) → 動くな »beweg [dich] nicht!«
触る (さわる) → 触るな »fass [mich] nicht an!«

3. Achte auf die Zeiten der Verben. Beachte dabei die verschiedenen *te*-Formen. In Panel 1 findest du zwei Verben in der *te*-Form. Sie kennzeichnen jedoch weder einen Imperativ noch die progressive Form: Die Form der beiden Verben dient hier zur **Verknüpfung zweier Sätze**. Das heißt, die *te*-Form hat hier die Funktion einer koordinierenden Konjunktion.

捕まえる	捕まえてくれる	捕まえてくれて
Infinitiv	*te kureru*-Form	konjunktive *te*–Form 捕まえてくれてありがとうぞがいます。 [Wörtlich: »den Gefallen tun, (jemanden oder etwas) zu fangen«]

メモ

くれる	empfangen / erhalten
泥棒	Räuber / Dieb
捕まえる	fangen / einholen / schnappen
間	Weile
盗み	Diebstahl
自分で	allein
手を出す	Hand an jemanden legen
貴様	Unglücklicher! (siehe auch **Die Ausdrucksweise im Manga**, Band 1)

4

ドイツ語

1a Danke, dass du den Dieb gefangen hast.

1b Schon gut.

2a Dieb?

2b Ja, er hat versucht, den Konbini zu überfallen, während ich auf dich gewartet habe.

3a Und du hast ihn aufgehalten? Wie mutig!

3b Na ja, ehrlich gesagt ...

4a ... hat ihn mein Fanklub überwältigt.

4b Unglücklicher!

4c Wag es nicht, unserem Aikawa auch nur ein Haar zu krümmen.

LESEN!

1. Lies den 4-Panel-Strip und suche ähnliche Formen, wie die eben behandelten.

- 行ってきます → ich gehe (und komme wieder zurück)
- いってらっしゃ〜い → bis gleich

Für die Antwort wird hier die im gesprochenen Japanisch benutzte, verkürzte Form von いっていらっしゃい eingesetzt.

2. Achte auf die *te*-Form in den Paneln 3 und 4. Lies die Sätze, um die Syntagmen zu verstehen!

– バイトが**終わって**から → て + から, nach dem Verb
– 行くって → ist keine verbale *te*-Form, sondern ein **Zitatmarker**. Dieselbe Funktion erfüllt die Partikel と, wenn sie zur Kennzeichnung eines Zitats verwendet wird: »Wir waren gerade dabei ...«
– **言ってた**じゃないか progressive Vergangenheit: Sagtest du (nicht)?
– **買わなくて**すむ verneintes Verb in der *te*-Form in Kombination mit »vorbeikommen«: vorbeigehen ohne (ein Gothic-Kleid) zu kaufen
– そんなプレゼントを**考えてる** progressiver Infinitiv: gerade an etwas (ein Geschenk wie dieses) denken

3. Lies den gesamten 4-Panel-Strip und achte dabei auf die Verben und ihre Endungen!

– 行ってきます	Präsens (行く)
– いってっらしゃい	spezielle Konjugation für diesen Ausdruck
– 来る	Infinitiv
– 思わなかった	informelle Vergangenheit (思う)
– 終わってから	*te*-Form (終わる) + から(zeitliche Bedingung)
– 買いに行く	Periphrase des Zwecks (買い + に = zu kaufen) mit Infinitiv
– 言ってた	progressive *te*-Form in der Vergangenheit (言う)
– じゃない	negatives Präsens (ある)
– 思って	konjunktive *te*-Form (思う)
– 買わなくてすむ	*te*-Form mit doppelter Handlung (買う)
– 考える	progressive *te*-Form (考える)

メモ

いってらしゃ～い	bis später / wir sehen uns nachher
誕生日	Geburtstag
プレゼント	Geschenk
ゴシックドレス	Gothic-Kleid
考える	denken

> In Japan stellen **Geschenke** eine bestimmte Beziehung zwischen Schenkendem und Beschenktem her. Wenn man ein Geschenk annimmt, muss man zur passenden Gelegenheit ein gleichwertiges Geschenk »zurückgeben«, um nicht in der Schuld des Schenkenden zu stehen.
> Lass dir nicht den 4-Panel-Strip **(Verben des Gebens und des Nehmens)** entgehen, in dem es ums Schenken geht.

ドイツ語

1a Okay, ich geh dann. Bis später.

1b Bis später.

2a Wieso bist du eigentlich gekommen?

3a Du wolltest doch heute das Geschenk für Haruka kaufen, oder? Ich wollte dich begleiten.

4a Schließlich wollen wir ihr ja nicht so ein Gothic-Kleid schenken ...

4b Das hatte ich auch gar nicht vor ...!

5

2 Tausend Dank – verschiedene Formen des Dankes

Dankbarkeit auszudrücken, ist in Japan sehr wichtig. Daher gibt es auch »unterschiedliche« Arten, Danke zu sagen. Da sich im Manga sowohl sehr formelle als auch informelle Situationen abspielen können, wirst du auch auf unterschiedliche Formen des Dankes stoßen. Einige Ausdrücke sind bereits in den 4-Panel-Strips von Band 1 vorgekommen, die hier folgenden sind dagegen neu.

どうもありがとうございます　～ございました
domô arigatô gozaimasu / gozaimashita

お世話になります　～なりました
osewa ni narimasu / narimashita
Vielen Dank für Ihre Bemühungen!

Beide Formen können sowohl im **Präsens** als auch in der **Vergangenheit** stehen. Wenn man sich für eine Handlung bedankt, die bereits stattgefunden hat, wird die Vergangenheitsform verwendet. Wenn man sich im Voraus für etwas bedankt, benutzt man dagegen die Präsensform.

すみません　～すみませんでした
sumimasen / sumimasen deshita
Danke.

Mit diesem Ausdruck kann man nicht nur Dank ausdrücken, sondern sich auch entschuldigen. Kurz vor einem Gesprächsende wird er auch als Wort des Abschieds angewandt.

どうも
dômo
Danke.

LESEN!

1. Lies den folgenden 4-Panel-Strip und achte auf bekannte Ausdrücke!

- お先に失礼します → Mit der *masu*-Form wird hier Höflichkeit ausgedrückt.
- 長岡君によろしくね → Mit einer Interaktionspartikel wird hier ausgedrückt, dass eine Antwortet erwartet wird.
- ただいま → Benutzt man beim Nachhausekommen (oder beim Zurückkommen an den Ort, den man verlassen hatte). Die Antwort darauf ist entweder おかえりなさい oder etwas umgangssprachlicher おかえり.

メモ

選ぶ	auswählen
突然	natürlich / normal / selbstverständlich
ただいま	ich bin schon da / hier bin ich

Achte auf Panel 3:

みんなで選ぶ

Die Partikel で hat hier eine **modale** Funktion.
Wie suchen wir das aus? (選ぶ)
Alle zusammen. (みんなで)

Hast du die Onomatopöie bemerkt? Blättere zurück und finde heraus, welche Geräusche hier dargestellt werden.

ドイツ語

1a Tut mir leid, dass ich früher gehen muss. Ich komme gleich wieder.

1b Macht nichts ...

1c Auf Wiedersehen.

2a Grüß Nagaoka schön von mir.

2b Nagaoka?

3a Ja, klar, ich hab ihn gebeten, mit uns zusammen das Geschenk für Haruka zu kaufen.

4a Da bin ich wieder!

3 Gespräche höflich führen

In den nächsten 4-Panel-Strips wirst du Ausdrücke, die ein Gespräch einleiten, kennenlernen. Für sich allein stehend haben sie keine spezifische Bedeutung. Ergreift jemand das Wort, wird er zunächst ein paar einleitende Füllworte benutzen, bevor er zum eigentlich »wichtigen Teil« seiner Aussage kommt. In Band 1 haben wir einige dieser einleitenden Formulierungen, die in den Dialogen vorkommen können, bereits behandelt. Im Folgenden stellen wir nun weitere Elemente vor, die dir dabei helfen sollen, einer Unterhaltung zu folgen oder die Aufmerksamkeit des Zuhörers zu wecken. So ausgerüstet wirst du den Dialogen noch besser folgen können.

1. Im Folgenden ...

– Ein neues Gesprächsthema ankündigen:
で今日は
de kyô wa → Also heute ...
それで
sore de → Also dann ...

– Einen Themenwechsel ankündigen:
ところで
tokoro de → Apropos ...
話しは違うけど
hanashi wa chigau kedo → Was ich auch noch sagen wollte ... / Ach übrigens ... / Um das Thema zu wechseln ...

– Informationen zum Thema beisteuern, über das gerade gesprochen wurde:
そう言えばね
sô ieba ne → Wo du gerade davon sprichst ...
たとえば
tatoeba → zum Beispiel ...
具体的に言うと
gutaiteki ni iu to → genauer gesagt ... / genau genommen ... / im Grunde ...

– Das Hauptthema des Gesprächs einführen:
じつは
jitsu wa → ehrlich gesagt ... / eigentlich ...

Alle diese Ausdrücke helfen dir dabei, herauszufinden, ob jemand gerade eine Unterhaltung führt, ob das gerade Gesagte zum eigentlichen Thema eines Gesprächs gehört oder ob es sich lediglich um eine Randbemerkung handelt. Wenn du auf diese Ausdrücke achtest, wirst du die Szenen im Manga besser verstehen.

2. Mit wenigen Worten

Wir haben schon gesehen, dass die Satzstruktur für eine **Frage** unverändert bleibt und lediglich die Interrogativpartikel am Satzende erscheint. Falls darüber hinaus noch ein Fragepronomen vorhanden ist, steht es am Satzanfang.

大学にいますか。	*Daigaku ni imasu* ***ka***.	Bist du in der Universität?
大学にいます。	*Daigaku ni imasu.*	Ich bin in der Universität.

Um zu antworten, bildet man einen Satz mit der jeweils erfragten Information und wiederholt das Verb in der entsprechenden Form, jedoch ohne die Interrogativpartikel.

Antworten auf Ja-oder-Nein-Fragen können theoretisch auch die Struktur der Frage wiederholen, im Gespräch wird meist aber nur schlicht mit Ja oder Nein geantwortet. In den folgenden 4-Panel-Strips wirst du die entsprechenden Adverbien finden:

Ja	Ja, so ist es	Nein
はい neutral	そう informell	いいえ neutral
ええ umgangssprachlich, locker	そうです formell	ううん informell
うん informell		いや umgangssprachlich
はあ höflich		いいや umgangssprachlich, von Männern benutzt

Ein **weiterer Gebrauch von** はい (*hai*), der häufig in Comicstrips vorkommt, ist das Anzeigen von Gegenständen. Es bedeutet dann in etwa »da, nimm« oder »hier hast du«. Das bedeutet, dass nicht jedes Mal, wenn du in einem Manga auf はい stößt, jemand gerade Ja sagt oder von einer Zustimmung die Rede ist. Es kann auch sein, das jemand einfach einer anderen Person gerade einen Gegenstand zeigt oder gibt.

Wie liest man das?
Purezento o doko de kau ka gutaiteki ni setsumei shite kudasai.

Was bedeutet das?
Kannst du mir bitte sagen, wo genau wir das Geschenk kaufen werden?

1. Suche alle Partikeln des 4-Panel-Strips. Der Reihe nach findest du:

 – の → possessiv
 – を → direktes Objekt
 – が → Subjekt
 – の → Satzende
 – よ → Satzende
 – は →Thema
 – に → Situation
 – と → Zitat
 – が → **Interaktion***
 – で → Ort
 – の → Possessiv

 *Eine **Interaktionspartikel** leitet eine Antwort ein. ね und な können ebenfalls zu den Interaktionspartikeln gezählt werden.

2. Finde die Verben und erkenne ihre jeweilige Konjugationsform!

– 買わなくちゃ	diese Form bedeutet »müssen« + Verb, wir werden sie später noch näher behandeln (買う)
– ない	informelles, negatives Präsens (なる)
– いる	Infinitiv
– 言っていた	progressive *te*-Form, affirmative Vergangenheit (言う)
– 見た	informelle Vergangenheit (見る)
– だ	informelles Präsens (である)

3. Sieh dir die Sprechblase 2b in Panel 2 an.

 Hier kommen zwei der Ausdrücke vor, die wir im vorhergehenden Abschnitt behandelt haben.

- あっ、そう → Antwort Ja mit Interjektion »genau«
- ところでね → Themenwechsel mit einem Ausdruck wie »apropos«.

メモ

早く	schnell / Beeilung
辺	Gebiet / Gegend
顔	Gesicht

7

ドイツ語

1a Wir müssen das Geschenk für Haruka endlich kaufen gehen. Viel Zeit haben wir nicht mehr.

2a Ja, ja ... Seiichi hat mir gesagt, dass er hier irgendwo sein würde.

2b Ach ja. Apropos ...

3a Hast du Harukas neuesten Dôjinshi gelesen?

4a Hi hi hi!

4b Deinem Gesicht nach zu urteilen, vermute ich, dass es mir wohl nicht sehr gefallen wird ...

LESEN!

1. Lies den 4-Panel-Strip und achte dabei auf ähnliche Ausdrücke, wie die, die wir gerade kennengelernt haben.

● 実は → Führt einen Kommentar ein, der das Hauptthema des Gesprächs werden wird.
● 具体的に言うと → Zeigt an, dass Kei dasselbeThema um eine neue Information ergänzen will.

2. Beachte die Partikeln. Sie erscheinen in folgender Reihenfolge:

– は →Thema
– と → Kopula (verbindet Sätze)
– よ → Satzendpartikel
– か → Frage
– の → Namensergänzung, Komplement des Nomens
– は →Thema
– ね → Interaktion
– は →Thema
– よ → Satzendpartikel
– な → Satzendpartikel

3. Sieh dir nun die Verben an. Achte auf die Konjugationen und finde heraus, wie der Infinitiv lautet. Die Verben erscheinen in der folgenden Reihenfolge:

– 出てる	informelle, progressive *te*-Form (出る)
– 信じられない	**Potenzialform,** die wir später behandeln werden (信じる)
– 怒った	informelle Vergangenheit (怒る)
– じゃない	negatives, informelles Präsens (である)
– でしょ	**formeller Vorschlag*** (である)
– 言う	Infinitiv
– じゃない	negatives, informelles Präsens (である)
– 間違ってる	progressive, informelle *te*-Form (間違う)
– してない	progressive, negative, informelle *te*-Form (する)

*Die korrekte Form des unterstrichenen Verbs ist でしょう, aber im Manga kann es auch so vorkommen, um anzuzeigen, dass der Sprecher den Endvokal nicht verlängert.

4. Achte auf die Auslassungspunkte!

Immer, wenn jemand nicht mehr weiß, was er sagen soll, stehen diese Auslassungspunkte. Manchmal kannst du sogar mehr als drei Punkte finden. Das hängt ganz davon ab, wie verunsichert, verängstigt oder beeindruckt derjenige ist, der gerade spricht.

メモ

信じる	glauben
怒る	sich ärgern / sich aufregen
当たり前	logisch
畳	Tatami
ラブラブシーン	Liebesszene
ぜんぜん	vollkommen / total
具体的	detailliert / ganz genau
間違う	sich irren / falsch machen / einen Fehler machen

ドイツ語

1a Dass Seiichi und ich auf diesen Seiten zu sehen sind ... das fass ich nicht!

2a Bist du jetzt sauer?

2b Natürlich bin ich sauer!

3a Diese Liebesszene auf den Tatami ...

3b Wenn man genauer hinguckt ...

4a Alle Aikidô-Stellungen sind total falsch!!

1. Lies den gesamten 4-Panel-Strip und achte dabei auf ähnliche Ausdrücke, wie die, die dir bereits bekannt sind.

- うん → ja
- これよ。はい → da, nimm
- そうだ → so ist es

2. Achte auf die Partikeln und finde heraus, welche Funktion sie haben. Beachte besonders die Sprechblase 2b.

その漫画家の	別の	マンガを	贈ろうかと	思って
[Dieser Mangaka] **Nominalphrase + Partikel des Komplements des Nomens** (modifiziert »Manga«)	[ein anderer, anderes] (modifiziert »Manga«)	[Manga] **Substantiv + Partikel des direkten Objekts**	[schenken wir] **Informeller Vorschlag im Interrogativ + Zitat-Partikel**	[ich dachte und ...] **Verb in konjunktiver *te*-Form** (modifiziert »Manga«)

その漫画家の別のマンガを: direktes Objekt des Verbs 贈る

その漫画家の別のマンガを贈ろうかと: Komplement des Verbs 思う

思って: (um es mit der Folge zu verbinden) Hauptverb

3. Sieh dir die Verben an. Achte dabei besonders auf den Gebrauch des Verbs おくろう in der Sprechblase 2b.

Hinter dem Verb steht eine Interrogativpartikel. Diese Struktur verbindet die Frageform mit der Form des Vorschlags und entspricht in etwa »ich wollte + Verb« oder »ich dachte + dass-Satz«. In dem vorliegenden Beispiel also: »Ich wollte ihr (+Objekt) kaufen«, beziehungsweise: »Ich dachte, ich kaufe ihr (+ Objekt).«

注意!

Denk daran, dass bei den grammatikalischen Erklärungen mehr mit der wortwörtlichen Übersetzung gearbeitet wird als bei der Übersetzung des 4-Panel-Strips. In der Übung wird 贈ろう (*okurô*) mit: »Ich wollte ihr schenken«, übersetzt, während im Text: »Ich dachte an«, steht. **Es gibt eben mehr als nur eine Art und Weise, die Dinge auszudrücken** vor allem im Japanischen.

4. Achte besonders auf die erste Sprechblase in Panel 2.

Nach それ müsste eigentlich eine Partikel stehen. Im gesprochenen Japanisch und im Manga, in dem ja viel gesprochenes und umgangssprachliches Japanisch vorkommt, kannst du oft Sätze finden, in denen die Partikeln oder das Subjekt einfach weggelassen werden. Die korrekte, vollständige Struktur ist eigentlich:

それははるかの好きなBxBoyの連載マンガだろ。

メモ

知る	wissen
連載マンガ	Fortsetzungsmanga
贈る	schenken
作品	Werk
パターン	Muster

9

ドイツ語

1a Fällt dir ein gutes Geschenk ein?

1b Kennst du *Sailor Boy*?

2a Ja, das ist doch eine Serie aus *BxBoy*. Haruka findet die super!

2b Ich dachte, wir könnten ihr eine Serie von derselben Autorin kaufen.

3a Die Serie, die sie vor *Sailor Boy* gezeichnet hat.

3b Welche war das noch mal?

3c Die hier. Da, nimm!

4a *Geisha Boy*? Eine Autorin mit fixen Ideen ...

4b Genau.

3. Ausdrücke für besondere Gelegenheiten

Je mehr 4-Panel-Strips du in *Japanisch Crashkurs* und anderen Manga liest, umso mehr unterschiedliche Redewendungen und Ausdrücke wirst du finden. Für jede Gelegenheit gibt es mindestens eine. Auf den nächsten Seiten wirst du diese kennenlernen:

Glückwünsche

おめでとう/ おめでとうございます

»Herzlichen Glückwunsch!«, »Alles Gute!« Wenn der Ausdruck von (ございます) *gozaimasu* begleitet wird, erhält das Ganze einen förmlicheren Ton.

Wenn zu einer besonderen Gelegenheit gratuliert wird, dann erwähnt man zunächst das Ereignis. Darauf folgt dann (おめでとう). Zum Beispiel:

- 誕生日おめでとう *(tanjôbi omedetô)* → Herzlichen Glückwunsch zum Geburtstag!
- 明けましておめでとう *(akemashite omedetô)* → Frohes neues Jahr!
- 結婚おめでとう *(kekkon omedetô)* → Alles Gute zur Hochzeit!

Gesundheit

風邪はいかがですか。 *Kaze wa ikaga desu ka?*

おかげさまでよくなりました。 *Okagesama de yoku narimashita.*

»Wie geht es der Erkältung?« »Schon besser, danke.« **Wörtlich** übersetzt würde die Antwort lauten: »Dank Ihrer Hilfe bin ich genesen.«

メリークリスマス

Und wie sagt man: **Fröhliche Weihnachten**? In Japan wird traditionell kein Weihnachten gefeiert, daher gibt es eigentlich auch keinen typisch japanischen Weihnachts-Glückwunsch. Man benutzt daher einfach das englische Merry Christmas, das in Katakana so geschrieben wird: メリークリスマス.

»Wie geht es?«

元気？　うん、なんとか。
Genki　*un, nantoka.*

»Wie geht es?«, »Geht so!«, oder: »Eigentlich ganz gut!« Förmlicher wäre es, wenn die Frage mit ですか (*desu ka*) aufhören würde.

お元気ですか

元気ですか？
元気です。

Die Bedeutung von 元気 geht über ein einfaches »gut gehen« hinaus. In Japan verwendet man 元気 als Eigenschaft für sehr vitale, lustige Menschen, die immer voller Energie stecken und mit Spaß bei der Sache sind. Wenn du *Chobits* gelesen hast, erinnerst du dich bestimmt daran, dass Hideki wegen der großen Hitze im Sommer völlig abgeschlafft und kaputt ist. Chi fragt ihn: 元気ないの? (*Genki nai no?*). Mehr als nur gut oder schlecht gehen bezeichnet man so ein Gefühl von »Kraftlosigkeit, Schlappheit und Lustlosigkeit«. Und das ist gar nicht gut! *Genki* muss man sein! 元気でね!

Wie liest man das? *Omedetô!*　**Was bedeutet das?** Herzlichen Glückwunsch!

LESEN!

1. Lies den 4-Panel-Strip und achte auf ähnliche Ausdrücke!

● 風邪はどう**だい** → だい hat hier die Funktion einer **Satzendpartikel** und entspricht einer Frage mit ～ですか (*desu ka*). Allerdings kommt es ausschließlich in einer **informelleren** Sprechweise vor und wird ausschließlich von **männlichen Sprechern** benutzt.
● おかげさまでよく**なった** → informelle Vergangenheit
● おめでとう！ → Hier schließt die Formulierung das Referenzereignis (誕生日, Geburtstag) nicht mit ein, ähnlich wie bei »Alles Gute!«

2. Achte auf die erste Sprechblase in Panel 4.

● お友達 → Um Respekt auszudrücken, wird das Präfix お (*o-*) vor das Element gestellt.

Die Frage bedeutet nur: »Ist er dein Freund?« Aus dem Kontext heraus und Harukas Gesicht nach zu urteilen, meint 友達 in diesem Fall etwas mehr und hat eine persönlichere Bedeutung. In der Übersetzung wird dies deutlich.

おはようございます

Du weißt nun, was das Präfix お (*o-*) bedeutet und wie man ございます (*gozaimasu*) verwendet. Denk an den Ausdruck おはようございます: »Guten Morgen!«

はよう ist von dem Adjektiv 早い (*hayai*) »früh« abgeleitet. Wörtlich übersetzt würde der Gruß einfach nur: »Es ist früh«, in einem eher förmlichen Ton heißen. In Band 4 werden wir auf die Höflichkeitssprache näher eingehen und die entsprechenden Kanji dieser Ausdrücke genauer behandeln. Also, bleib auf jeden Fall am Ball!

メモ

おかげさまで	Danke
おめでとう	Herzlichen Glückwunsch!
ちょとも	nicht im Mindesten
変わる	ändern / wechseln

10

ドイツ語

1a Ich weiß noch, wie ich Haruka vor zwölf Jahren kennengelernt habe.

1b Ich war gerade mit einem Freund zusammen ...

2a Was macht deine Erkältung?

2b Es geht, danke.

3a Haaallo! Ich bin Haruka und habe heute Gebuuuurtstag!

3b Äh ... Herzlichen Glückwunsch!

4a Seid ihr gut befreundet?

4b Sie hat sich überhaupt nicht verändert.

LESEN!

1. Lies den 4-Panel-Strip und achte auf das bereits Gelernte. Viele dieser Ausdrücke und Phrasen erscheinen zusammen mit einer Satzendpartikel.

- おはよう → ohne ございます (*gozaimasu*): informell
- 元気? → nur mit einem Fragezeichen: informell
- それじゃ。→ informeller Abschied
- お大事にね。→ mit Interaktionspartikel (Ginge der Dialog noch weiter, würde der andere Gesprächsteilnehmer mit einer Phrase des Dankes antworten.)

2. Achte in Panel 4 auf den zweiten Teil des Satzes in der Sprechblase 2!

オレのは	誰も	取りに来ない	から	泣いてるん	じゃない	か
[mein]	[niemand]	[abholen kommen]		[weinen, gerade dabei sein]		
		negative Form im informellen Präsens des Verbs 来る	**Konjunktion der Subordination** (Grund)	**progressive *te*-Form des Verbs 泣く + informelles ん**	**negative Kopula**	**Interrogativpartikel**

Niemand kommt und holt meine	から	ich weine gerade.
Ursache	**Konjunktion**	**Handlung**

In solchen Sätzen, die **eine Handlung und eine Ursache** ausdrücken, ist die Reihenfolge im Japanischen wie folgt: **Ursache + subordinierende Konjunktion + Handlung.**

から (*kara*) ist eine Konjunktion, die im Deutschen »weil« entspricht.

Die wörtliche Übersetzung müsste lauten: »Ich weine, weil niemand meine nimmt, stimmt doch, oder?«

よく覚えてね

Denke daran, dass im Japanischen **weder der Plural** noch das grammatische Geschlecht **gekennzeichnet wird.** Aus dem **Kontext** heraus erfahren wir:
- dass es nicht nur ein Taschentuch gibt und es daher »meine« (also Plural) und nicht »meins« (Singular) heißen muss und
- dass das Subjekt »ich« ist (ich bin).

メモ

ティッシュ	Papiertaschentuch
まあまあ	normal / geht so / so lala
さようなら	Auf Wiedersehen!
お大事に	Gute Besserung! / Passen Sie auf sich auf!
使い切る	verbrauchen / aufbrauchen

11

ドイツ語

1a Gibst du mir ein Paket Papiertaschentücher?

2a Wie geht's dir?

2b Geht so ...

3a Na dann. Tschüss!

3b Pass auf dich auf!

4a Nuki Nuki! Verbrauch nicht die ganzen Taschentücher!

4b Siehst du denn nicht, dass ich weine, weil mir niemand welche abnimmt?!

4. Das *Nein* vermeiden!

Sicher weißt du, dass die Japaner dazu neigen, ein klares Nein zu vermeiden, um einem direkten Konflikt aus dem Weg zu gehen. Soll eine Antwort auf einen Vorschlag negativ ausfallen, benutzt man auf Japanisch Umschreibungen wie: »Ich werde es mir überlegen ...«, »Ich weiß nicht ...«, »Wir werden sehen ...« etc.

Verneinungen

考えておきます

kangaete okimasu

»Ich werde darüber nachdenken.«

それはちょっと。。。

Sore wa chotto ...

»Ich werde darüber nachdenken ...« / »Ich überlege es mir ...«

Zweifel

そうかな

Sô ka na

»Meinst du?« / »Glaubst du?«

そんなことないんじゃない

Sonna koto nain janai ...

»Ich glaub nicht, oder?«

そうかもしれないけど私はそうは思わないのよね

Sô kamoshirenai kedo, watashi wa sô wa omowanai no yo ne.

»Wahrscheinlich hast du recht, aber ich glaube, es verhält sich anders.«

そうでしょうか *sô deshô ka* →

そうですかね *sô desu ne* → »Meinst du?«

そうかしら *sô kashira* →

Wie liest man das?
Boku no koto, dô omotteru no?
Sore wa chotto ...

Was bedeutet das?
Was denkst du über mich?
Also, um ehrlich zu sein ...

ハンカチとティッシュ

Taschentücher? Handtücher? Wieso das denn? In Japan stehen immer irgendwo Leute auf der Straße rum, die Gratistaschentücher mit aufgedruckter Werbung für Läden oder mit Angeboten für bestimmte Handelsprodukte verteilen. In diesem Fall kann sich der Angestellte, der die Taschentücher als Werbeartikel verteilt, verkleiden. In vielen Manga-Serien wie zum Beispiel bei *Chobits* oder bei *Yotsuba&!* kommen solche Szenen vor, in denen Personen solchen Teilzeitjobs oder ähnlichen Aushilfsjobs (バイト) nachgehen. Als Passant kann man diese Werbegeschenke annehmen oder auch ablehnen. Es ist nichts dabei, sie nicht anzunehmen. Die Verteiler bedanken sich in jedem Fall höflich. Manchmal haben Japaner auch ihre eigenen (im Sommer Feuchttücher) Stofftaschentücher dabei, um sich den Schweiß abzuwischen oder sich zu erfrischen. Schwitzen ist nämlich in Japan sehr verpönt!

1. Lies den 4-Panel-Strip und finde ähnliche Ausdrücke.

- それはちょっと → In Panel 3 heißt es wörtlich übersetzt: »Das ist ein bisschen ... (schwierig, kompliziert etc.)« ...

Wie wir vorhin schon gesehen haben, ist dieser Ausdruck eine Möglichkeit, auf höfliche Art und ohne respektlos zu sein, Nein zu sagen.

2. Achte auf die erste Sprechblase in Panel 4.
Hier werden zwei Partikeln miteinander kombiniert: には (*ni wa*).

店長、	きみ	に	は	ビビルよ
[*tenchô*]	[*kimi*]	[*ni*]	[*wa*]	[*bibiru yo*]

»Vor **dir** fürchtet sich der Chef.«

Die Partikel は (*wa*) betont das Element きみに (*kimi ni*), das hier »deinetwegen«, »vor dir«, »dich betreffend« bedeutet.

メモ

さくらや	Sakuraya (eine Ladenkette für Elektrogeräte)
首になる	gefeuert werden / entlassen werden
もっかい	noch einmal / wieder
店長	Chef
頼む	bitten
ビビる	sich genieren / schüchtern sein / sich erschrecken

12

ドイツ語

1a Hallo, Seiichi!

1b Verteilst du jetzt Taschentücher für *Sakuraya*?

2a Ja. Da mich der Chef bei *Seven Eleven* ja entlassen hat ...

3a Meine Mutter war ganz schön sauer. Du könntest bestimmt dafür sorgen, dass er mich wieder einstellt.

3b Ich weiß nicht, ob ich ...

4a Klar, du kannst ihn einfach zwingen! So Furcht einflößend, wie du bist!

4b Was?!

LESEN!

1. Lies den gesamten 4-Panel-Strip und achte auf negative Ausdrücke.

● そういえるかどうか → Die wörtliche Übersetzung in Panel 3 lautet: »Ich weiß nicht, ob man das sagen kann.«

Hier wird ein Zweifel ausgedrückt bzgl. des Adjektivs 嬉しい (*ureshii*). Mayu zweifelt daran, dass Seiichi glücklich darüber ist, in Harukas Dôjinshi vorzukommen. Sie sagt dies aber nicht direkt.

2. Lies den 4-Panel-Strip und finde die Partikeln. Um die Syntagmen besser zu verstehen, solltest du auch auf die Elemente, die um die Partikeln herum vorkommen, achtgeben.

– はるかちゃんの最近の同人誌 → Ergänzung des Substantivs
– 僕が出てるの? → Subjektpartikel (が), Frage-Partikel (か)
– けいくんのそばで → nominale Ergänzung
– 嬉しいなぁ → Interaktionspartikel (gedehnt)
– 言えるかどうか → Interrogativpartikel*

*Dieser Ausdruck wird durch ein Verb in der Potenzialform (können + Verb) und die Formel かどうか (*ka dô ka*) gebildet. Er kennzeichnet eine Frage, die nur zwei Antworten zulässt, nämlich **Ja** oder **Nein.** In diesem Fall ist es das Verb 言える (*ieru*), was so viel wie »sagen können« bedeutet. Die Partikel か (*ka*) ist interrogativ und どう (*dô*) ist ein **interrogatives Pronomen** (wie). Wörtlich übersetzt würde es bedeuten: »Ich weiß nicht, ob man das sagen kann oder nicht.« Im vorliegenden Dialogtext des 4-Panel-Strips erscheint es als eine etwas kaschierte Verneinung.

3. Achte auf die erste Sprechblase in Panel 3!

– 何これ　　Und das ist (was)? (何 + これ)

Es gibt kein Verb. Wie du schon weißt, ist 何 (*nani*) das Interrogativpronomen und markiert hier die Frage. Der Ausdruck ist in dieser Form eher umgangssprachlich formuliert. Wenn man dieselbe Frage etwas förmlicher stellen möchte, sagt man これは何ですか (*kore wa nan desu ka*).

4. Achte auf den Einwurf Mayus.

Es ist eine Art Grunzen, das Mayus unterdrückte Wut darüber zum Ausdruck bringen soll, dass Seiichi sich gar nicht über das ärgert, worüber sie dachte, dass er sich ärgern würde.

メモ

最近	aktuell / neu / letzte
そば	neben / Seite
下手	tollpatschig / ungeschickt

ドイツ語

1a Ach übrigens, hast du dich eigentlich schon in Harukas neustem Dôjinshi entdeckt?

1b Äh? Komme ich darin vor?

2a Ja, mit Kei zusammen ...

2b Super! Das muss ich sehen!

2c Echt jetzt? Ich weiß nicht so recht ... Ich glaube, das möchtest du gar nicht.

3a Was?! Wie kann sie's wagen?!

3b He he ... entrüstet?

4a Sie hat den Nintendo DS total schlecht gezeichnet!

4b Hmpf!

1. Lies den 4-Panel-Strip und achte auf Ausdrücke, die Uneinigkeit oder Ablehnung ausdrücken.

● **確かにそうかもしれないけど、私はそう思わないのよね→**
Sicher, aber ich sehe das nicht ganz so eindeutig.

確かに ist ein Adverb und bedeutet »sicher«, »sicherlich«. Wörtlich übersetzt würde der Satz heißen: »Sicher ist es so, aber ich glaube nicht, dass es so ist.«

2. Lies den 4-Panel-Strip und finde die Partikeln. Achte auf die Elemente, die sie umgeben, um das Syntagma besser zu verstehen!

– プレンゼントを早く買わないと → direktes Objekt
– ティッシュがなくなったら → Subjekt
– 確かに → Modus
– 私はそう思わないのよね →Thema, Interaktion
– ティッシュはもうないわ →Thema, Ausruf

3. Lies den 4-Panel-Strip aufmerksam durch und finde die Verben. Achte auf die Endungen und versuche, zu erkennen, in welcher Zeit und in welchem Modus sie stehen.

– 買わないと	negatives Präsens (買う) + Partikel (drückt Konditional aus)
– なくなったら	*tara*-Form (drückt eine temporale Bedingung aus, »wenn ... zu Ende ist«), (なくなる)
– 行ける	Potenzialform (»weggehen können«), (行く)
– 気づかない	negatives Präsens (気づく)
– 思わない	negatives Präsens (思う)
– ない	negatives Präsens (ある)
– 行こう	informeller Vorschlag (行く)

Diese Konjugationen entsprechen einem informellen Sprachregister.

メモ

早く	schnell / flink / flott
誰も	niemand
気づく	aufpassen / achtgeben
かもしれない	wahrscheinlich / möglicherweise / vielleicht

14

ドイツ語

1a Jetzt müssen wir aber los, das Geschenk kaufen, Nagaoka.

1b Ja, ja. Ich kann aber erst gehen, wenn die Kiste mit den Taschentüchern alle ist.

2a Niemand beachtet ihn.

3a Ich brauche nicht mehr lange ...

3b Sicher hast du recht, ich bin mir da allerdings nicht so sicher.

4a So, fertig. Nun ist sie leer! Und nun los!

LESEN!

1. Lies den 4-Panel-Strip und achte auf Ausdrücke, die Uneinigkeit ausdrücken.

- そうですかね → Mayu zweifelt daran, dass Seiichis Idee wirklich so gut ist, wie er sagt. Sie formuliert diesen Zweifel sehr subtil.

2. Lies den 4-Panel-Strip und finde die Partikeln. Achte auch auf die Elemente, die die Partikeln umgeben, um die Syntagmen besser zu verstehen.

- 何を買うか → direktes Objekt, Interrogativ
- 僕は → Thema und Subjekt
- そうですかね → Interrogativ, Interaktion
- 仕事休んだのも → Ergänzung des Nomens, Beifügungspartikel
- 水曜日だったわね → Exklamativa, Interaktion

3. Lies den 4-Panel-Strip und finde die Verben. Achte auf die Endungen und finde heraus, in welcher Zeit und in welchem Modus sie stehen.

– 買う	Infinitiv
– 決めた	informelle Vergangenheit (決める)
– 思いついた	informelle Vergangenheit (思いつく)
– です	Präsens (である)
– 販売された	passive* Vergangenheit (販売する)
– 休んだ	informelle Vergangenheit (休む)
– だった	informelle Vergangenheit (である)

*In Band 4 wirst du das **Passiv** kennenlernen!

メモ

決める	entscheiden
思いつく	einfallen (jemandem, etwas)
販売する	verkaufen / handeln
曜日	Wochentag
水曜日	Mittwoch
なるほど	Aha! / So ist das also. / Ich verstehe.

15

ドイツ語

1a Habt ihr schon überlegt, was wir Haruka schenken könnten?

2a Ich hab eine super Idee!

2b Ich weiß ja nicht ...

3a *Fantasy Quest XVII* ist gerade letzte Woche rausgekommen!

3b Letzte Woche? An welchem Tag?

4a Am Mittwoch.

4b Zufällig genau der Tag, an dem du angefangen hast, bei der Arbeit zu fehlen.

4 Die Zählwörter

Wenn es keinen Plural gibt … wie zählt man dann Dinge?

Mit Zählwörtern oder auch Zähleinheitswörtern. In Band 1 wurden diese bereits kurz erwähnt. Es handelt sich hierbei um Suffixe, die an die Substantive angehängt werden, um Objekte, Personen usw. zählen zu können. Dabei gibt es für verschiedene Objekte jeweils auch verschiedene Suffixe.

Auf Japanisch werden diese Zählwörter verwendet, um Objekte bestimmten Gruppen zuzuordnen, um sie dann mit einer Zahl zu verbinden. Zum Beispiel:

本	三	冊
Buch	drei	Zählwort für Bücher

Mit dem Zählwort 冊 (*-satsu*) klassifizieren wir das Wort 本 (*hon*) als zu einer Gruppe mit denselben Eigenschaften zugehörig; in diesem Fall: Bücher, Comics, Zeitungen, Zeitschriften etc.

Alle Zählwörter funktionieren auf dieselbe Art und Weise. Es gibt jeweils ein Zählwort für jede Gruppe zählbarer Dinge.

Einige dieser Zählwörter sind im Folgenden aufgelistet:

階 (*kai*) → Stockwerke eines Gebäudes
個 (*ko*) → kleine, kompakte Objekte
冊 (*satsu*) → Bücher / Zeitungen / Hefte
足 (*soku*) → Schuhpaare / Sockenpaare
台 (*dai*) → Fahrzeuge / Maschinen / Apparate
通 (*tsû*) → Briefe / Dokumente
杯 (*hai*) → Flüssigkeit im Glas / Eimer / Tasse
本 (*hon*) → lange, zylindrische Gegenstände
枚 (*mai*) → flache, schlanke Gegenstände wie Teller oder Papier

Beim Kombinieren der Zählwörter mit den Zahlen kann es zu Änderungen der Aussprache kommen. Wie zum Beispiel:

一杯 *ichi + hai = ippai* (いっぱい)
一匹 *ichi + hiki = ippiki* (いっぴき)
三匹 *san + hiki = sanbiki* (さんびき)

1 Wann ist ein »Ja« ein »Ja« und kein »Nein«?

Eine Besonderheit des Japanischen, die sich auch in den Manga-Texten zeigt, ist es, **Fragen negativ** zu formulieren. Mit der Interrogativpartikel か (*ka*) hinter dem Verb formuliert man eine Frage: Wenn das Verb in einer der negativen Formen steht, ist auch die Frage negativ gestellt.

はるかちゃんは昨日カラオケにいかなかったか。

Haruka-chan wa kinô karaoke ni ***ikanakatta*** *ka?*

Ist Haruka gestern **nicht** zum Karaoke gegangen?

In weniger förmlichen Situationen findest du manchmal negative Fragen auch ohne die Interrogativpartikel か. Zwar kann das im Manga nicht dargestellt werden, doch im gesprochenen Japanisch wird bei der letzte Silbe die Stimme angehoben.

Andere negative Fragen, in denen die negative Antwort schon impliziert ist, sind zum Beispiel でしょう (*deshô*) und だろう (*darô*), wenn sie mit negativem Verb stehen.

はるかちゃんは昨日カラオケにいかなかったでしょう？

Haruka-chan wa kinô karaoke ni ***ikanakatta*** *deshô?*

Haruka ist gestern **nicht** zum Karaoke gegangen, nicht wahr?

Wenn die Frage ein Verb im Präsens enthält, kann dies eine Einladung bedeuten.

長岡くんは一緒に来ませんか。

Nagaoka-kun wa isshoni ***kimasen*** *ka.*
Kommst du mit uns mit, Nagaoka?

Wie liest man das?	**Was bedeutet das?**
Gêmu shimasen ka.	Spielst du mit mir?

Die Antworten auf negative Fragen können manchmal Verständnisschwierigkeiten aufwerfen, weil wir Nein sagen würden, wenn die Japaner Ja sagen. Man verneint nämlich, indem man die **Negation bejaht:**

まゆちゃんは**来ませんでした**か。

Mayu-chan wa ***kimasen deshita*** *ka?*
Mayu ist nicht gekommen, nicht wahr?

ええ、来ませんでした。

Ê, kimasendeshita.

Nein, sie ist nicht gekommen.

Wörtlich

Frage (in negativer Form): Ist Mayu nicht gekommen?
(Frage, ob Mayu **nicht gekommen** ist.)
Antwort (wörtlich): Ja, sie ist nicht gekommen.
(Bestätigt, dass Mayu **nicht gekommen** ist.)
Antwort (Bedeutung): Nein, sie ist nicht gekommen.

Die Antwort bildet man mit ええ (*ê*), mit はい (*hai*) oder mit うん (*un*), also mit einem **Ja**, um zu bestätigen, was in der Frage geäußert wurde: »Sie ist nicht gekommen.«

じゃない?

Und wenn da **nein** steht? Wenn du eine **negative Antwort auf eine negative Frage** liest, bedenke, dass das, was verneint wird, das ist, wonach gefragt wird.

まゆちゃんは来ませんでしたか。

いいえ、来ました。

Obwohl man diese Art von Antwort meistens einfach nur mit dem Verb bildet.

まゆちゃんは来ませんでしたか。 → **Kam** Mayu nicht?

来ましたよ。 → (**Ja**), sie kam.

Wie liest man das?
Yonde nai no?
Yonda yonda! BxBoy de.

Was bedeutet das?
Hast du das nicht gelesen?
Doch, hab ich! In *BxBoy*.

1. Lies den gesamten 4-Panel-Strip und vergleiche die Begrüßungen mit dem bislang Erlernten.

● はじめまして → Wird als Begrüßung benutzt, wenn man sich miteinander bekannt macht.
● よろしく → Im 4-Panel-Strip kommt es zusammen mit dem Symbol zur Verlängerung des Endvokals vor 〜: *Yoroshikuuu* und ist daher betont. Es wird ähnlich wie »sehr erfreut« benutzt.

2. Achte auf die negative Frage in Panel 4!

読んでないの？

読む	→	読んで	→	読んでいる	→	**読んでないの？**
Infinitiv		*te*-Form		*teiru*-Form		**negative *teiru*-Form + の**

Obwohl das Verb in der negativen ている (*teiru*-)Form erscheint, weist es auf eine **Handlung hin, die bereits geschehen ist**.

ファンフィック同人誌

Wie du bereits weißt, ist ein **Dôjinshi (同人誌)** eine Art Fan-Manga. Diese Eigenpublikationen sind meist Parodien beliebter Manga und Anime-Serien. Ein **Fanfic** (ファンフィック), abgeleitet vom Englischen *fan fiction*, ist eine fiktive Erzählung, die auf den Personen einer bekannten, bereits existierenden Geschichte basiert. In diesem Fall *Harry Potter*, der auch in Japan für Furore gesorgt hat.

メモ

はじめまして	Nett, Sie kennenzulernen!
よろしく	angenehm / sehr erfreut
知り合う	jmdn. kennenlernen
たまに	manchmal
アシスタント	Assistent/-in
ファンフィック	Fanfic
最新号	neueste Nummer / neueste Ausgabe
ラブストーリー	Liebesgeschichte
ハリーポッタ	Harry Potter
ドラコマルフォイ	Draco Malfoy

16

ドイツ語

1a Das ist Shizuka Nohara.
1b Sehr erfreut!
2a Woher kennst du Haruka?
2b Ich arbeite manchmal mit ihr zusammen an *Creamy Boys*.
3a An ihrem Dôjinshi? Was machst du denn so?
3b Ich schreibe Fanfics. Für die neueste Ausgabe habe ich eine Liebesgeschichte geschrieben.
4a Zwischen Harry Potter und Draco Malfoy.
4b Hast du sie gar nicht gelesen?
4c Was für ein Liebespaar ...

1. Lies zunächst den gesamten 4-Panel-Strip und sieh dir dann das zweite Panel genauer an.

Der Ausdruck in der ersten Sprechblase ist eine indirekte, negative Frage.

持ってないよね。

Achte auf die Finalpartikeln よ (Partikel des Ausrufs) und ね (Interaktionspartikel). Kei fragt Haruka: »Die hast du noch nicht, oder?« Wir wissen, dass er sich ziemlich **sicher ist, dass sie sie noch nicht hat**: Wenn er sich nicht sicher wäre, würde er nicht die Partikel よ verwenden, die das Gesagte verstärkt.

Wort für Wort übersetzt lautet die Antwortet: »Ja. Ich habe sie nicht.« Das heißt, dass mit dem Ja die Negation bestätigt wird, die in der Frage bereits enthalten ist.

2. Achte auf die negative Frage in Panel 3.

偶然じゃない？

Die verbale Form (じゃない), die informelle negative Form des Verbs である, wird benutzt, um Gedanken wie: ›Welch ein Zufall!‹, auszudrücken.

- 偶然じゃない → Ist das nicht ein Zufall?
- 偶然ですね → Welch ein Zufall, nicht wahr?

Auf diese Frage erwartet man keine Antwort. Es handelt sich eher um einen Kommentar in negativer Frageform, um dem Gespräch einen besonderen Ton zu verleihen.

メモ

から	von (Partikel)
芸者ボーイ	*Geisha Boy*
全巻	ganze Band / vollständige Sammlung
前作	früheres Werk
ワンパターン	klischeehaft / / monoton / stereotyp

17

ドイツ語

1a Hier hast du unser Geschenk. Herzlichen Glückwunsch!

1b Super! Die komplette *Geisha-Boy*-Sammlung!

2a Die hast du doch noch nicht, oder?

2b Nein, hab ich noch nicht.

3a Was für ein Zufall! Ich schenke dir den Band, den dieselbe Autorin vorher publiziert hat!

4a *Gal Boy!* Diese Mangaka ist echt spitze!

4b Superlangweilig ...

2 Wenn ein Satz mehr bedeutet!

In den folgenden 4-Panel-Strips werden Formen auftauchen, die dem Satz eine ganz konkrete Bedeutung verleihen, fast schon einen Seelenzustand beschreiben. Zum Beispiel die Form てしまう (*-teshimau*), die bereits in Band 1 aufgetaucht ist.

Das Verb しまう bedeutet »beenden« oder »wegräumen«. Wenn es zusammen mit der *te*-Form steht, hat es darüber hinaus die Konnotation einer abgeschlossenen, irreversiblen Handlung. Es weist dann darauf hin, dass etwas bereits geschehen ist und nicht mehr rückgängig gemacht werden kann. Je nach Kontext kann diese Form auch Bedauern ausdrücken.

犬が死んでしまいました。

*Inu ga shinde**shimaimashita**.*

Der Hund ist gestorben [und daran kann man nichts mehr ändern].

Die Form しまいました (*shimaimashita*) kann auch als しまった (*shimatta*) auftreten, weil sie vom Verb しまう (*shimau*) abgeleitet ist. Die Konjunktionen in der Vergangenheit können daher sowohl ました (*-mashita*) als auch das informellere った (*-tta*) sein.

まゆちゃんはポテートを食べてしまった。

*Mayu-chan wa potêto o tabete**shimatta**.*

Mayu **hat** die Kartoffeln **aufgegessen**.

Für den Ausdruck *-teshimau* gibt es auch eine **umgangssprachliche Version**. Es ist eine Art Zusammenziehung, anstelle von てしまう (*-teshimau*) erscheint die Form ちゃう (*-chau*).

食べてしまう		食べちゃう
食べてしまいました	食べてしまった	食べちゃった

そこにケーキを置いたら、食べちゃうよ。

*Soko ni kêki o oitara, tabe**chau** yo.*

Wenn du den Kuchen da stehen lässt, dann esse ich ihn auf.

Verbformen, die mit der *te*-Form von 来る (*kuru*) gebildet werden, weisen auf eine doppelte Handlung hin. Man versteht dabei automatisch, dass die ausgeführte Handlung eine Rückkehr mit einschließt.

自転車を借りて来ました。

Jitensha o karite ***kimashita***

Ich habe das Fahrrad geliehen [und bin wieder zurückgekommen].

Wie liest man das?
Haa. Natô o tabechatta na.
Iyaa.

Was bedeutet das?
Was für ein *Nattô*-Fresser!
Pähh!

納豆

Nattô ist ein Gericht aus fermentierten Sojabohnen. Es hat eine sehr klebrige Konsistenz und sieht etwas speziell aus. Die Japaner lieben oder hassen es, anscheinend gibt es nichts dazwischen. Sie essen es zum Frühstück oder zum Abendessen, mit Reis oder auch zu einem deftigen Fleisch- oder Fischgericht.

1. Lies den 4-Panel-Strip und achte auf die Verben.

– 歌いましょう	formeller Vorschlag (歌う)
– はじめよう	formeller Vorschlag (はじめる)
– 消されてしまったんだ	passive Vergangenheit* (消される)
– ある	Infinitiv
– だった	informelle Vergangenheit (である)
– 作ってる	progressiver Infinitiv (つくる)

*Das Verb 消される (*kesareru*) ist eine Form von 消す (*kesu*), das wir bisher noch nicht kennengelernt haben. Es wird hier mit der Vergangenheitsform von てしまう (*-teshimau*) kombiniert.

2. Achte auf die *teshimau*-Form in Panel 2:

消されてしまったんだ
[Wie schade], dass das ... weg ist / nicht da ist.

Es verbindet die passive Form »wurde entfernt / wurde weggenommen« und die *teshimau*-Form, mit der man Bedauern oder Trauer ausdrückt.

3. Achte auf die erste Sprechblase in Panel 3.
あるよ? ist keine Frage, aber das Fragezeichen weist auf eine besondere Betonung hin. Es heißt dann nicht einfach: »Na klar!«, sondern bedeutet eher etwas wie: »Na klar, was für eine Frage!«

OVA

Was ist ein **OVA**? Die Initialen stehen für »**O**riginal **V**ideo **A**nimation« – also Anime, die ausschließlich zur Veröffentlichung auf DVD oder Video produziert wurden. Im Japanischen schreibt man diesen Begriff immer mit Romaji. Was ist ein **Opening**? Openings, auf Japanisch オプニングテーマ, nennt man die Titelmelodien von Anime-Serien oder Filmen. Die Schlusslieder oder **Endings** heißen エンディングテーマ. Ganz allgemein werden die Melodien aus Anime アニメソング genannt.

メモ

カラオケボックス	Karaoke-Box
歌う	singen
消す	löschen / ausmachen / auslöschen
去年	letztes Jahr
オープニングテーマ	Opening

18

ドイツ語

1a Jetzt werden wir singen und beim Karaoke total viel Spaß haben!

1b Genau. Los geht's!

2a Oooh! Wie schade, das Lied von *Geisha Boy* wurde gelöscht.

2b Davon gib es ein Lied?

3a Na klar. Die Titelmelodie der OVAs, die letztes Jahr rausgekommen sind.

3b Dabei war der Song echt klasse.

4a Geisha Boooy, Geisha Boooy – Kimono, Schminke und viel Liebe!

4b Das denkt ihr euch jetzt aber aus, oder?

LESEN!

1. Achte auf die Form 借りてきました in Panel 2.

   Diese Verbform beinhaltet zwei Gedanken, nämlich etwas ausleihen und etwas zurückgeben. Im 4-Panel-Strip sagt das Mädchen, dass sie die ausgeliehene Liste mitbringt: »Ich habe sie ausgeliehen und bin wieder zurückgekommen.«

2. Achte auf den zweiten Satz in 2b.

情報は正しかった、このカラオケボックスに来てよかった。

Vergiss nicht, dass japanische Adjektive wie Verben konjugiert werden. Um deine Erinnerung ein wenig aufzufrischen, kannst du den Abschnitt **Die Konjugation der Adjektive** im Kapitel **Die Ausdrucksweise im Manga** in Band 1 nachschlagen:

(1) 情報は正しかった
(2) このカラオケボックスに来てよかった

– Im ersten Teil steht das Adjektiv in der informellen Vergangenheit.
– Im zweiten Satz steht ein Verb in der *te*-Form (kommen) gefolgt von einem *i*-Adjektiv, das in der Vergangenheit steht.

カラオケ

Diese Verbform てよかった (*te- + yokatta*) stimmt mit unserem »es freut mich ... zu haben ...« überein.

注意!

In ihrer Freizeit und am Abend gehört **Karaoke** zu den Lieblingsbeschäftigungen junger (und nicht mehr ganz so junger) Japaner. Meistens geht man dabei in eine sogenannte Karaoke-Box. Dort gibt es in der Regel viele durchnummerierte Räume, die dann den einzelnen Gruppen zugewiesen werden. Drinnen befindet sich eine Art Telefon, mit dem man Getränke oder etwas zu essen bestellen kann. In jeder Box gibt es dann mehrere Listen mit den Lieder-Codes. Einmal programmiert, können sie so direkt hintereinander abgespielt werden, sodass man die Party nicht jedes Mal zu unterbrechen braucht, wenn ein Lied zu Ende ist.

メモ

歌本	Liste mit Songs
借りる	ausleihen
当分	vorläufig / im Moment / für einige Zeit
祝い	Feier / Fest
別に	nicht besonders (+ Neg.)
使う	benutzen / gebrauchen / verwenden

19

ドイツ語

1a Ich bin nach nebenan gegangen und hab mir die Liste mit den Liedern ausgeliehen.

1b War unser Kei auch da?

2a Jaaaa!

2b Unsere Quelle hatte recht. Wir lagen goldrichtig damit, hierherzukommen.

3a Ach Mensch! Ich will ihn auch sehen!

3b Und ich auch!

3c Kein Problem!

4a Hey, guckt mal, eine Liste mit Sachen, die wir ausleihen können.

4b Ich leihe mir die Untersetzer aus.

Die Willens- und Wunschäußerung

Es gibt zwei Formen, seinen **Willen** bzw. einen **Wunsch** auszudrücken. In den 4-Panel-Strips in Band 1 sind diese beiden Formen bereits vorgekommen. Auch im folgenden Abschnitt wirst du sie wiederfinden. Hier wirst du den Unterschied zwischen »ich will etwas tun«, »ich möchte gern etwas tun« **und** »ich will etwas« kennenlernen. Auf diese Weise kannst du mit unterschiedlichen Formen deinen Wünschen Ausdruck verleihen.

マンガを読みたい。

*Manga o yomi **tai**.*

Ich will einen Manga lesen.

Diese Konjugation ist der Konjugation der *masu*-Form sehr ähnlich. (Schlage dazu das Kapitel **Finde heraus, in welcher Zeit das Verb steht** auf Seite 96 in Band 1 nach.)

***-tai*-Form**

見る・見~~る~~ →	見	+ たい	→	見たい
mi-ru	*mi*	*-tai*		*mitai* »Ich will sehen.«

Mit 欲しい (*hoshii* oder einfach ほしい in Hiragana) kann man einem Wunsch Ausdruck verleihen:

マンガが欲しい。

*Manga ga **hoshii**.*

Ich will einen Manga.

欲しい wird immer mit が zusammen benutzt: Im Manga wirst du fast immer diese Partikel finden, es sei denn, es handelt sich bei dem Wunsch um das Thema. In dem Fall erscheint es dann mit は oder も.

- お金が欲しい *Okane ga hoshii* – Ich will Geld.
- プレンゼントも欲しい *Purezento mo hoshii* – Ich will auch Geschenke.

Wenn du keine Partikel findest, denk daran, dass im gesprochenen Japanisch die Partikeln häufig einfach weggelassen werden.
Die Form 〜たい (*-tai*) steht immer mit を oder が. Wenn aber das, was gewünscht wird, das Thema des Satzes ist, dann steht es mit は.

Beide Formen werden wie ***i*-Adjektive** konjugiert und nur in der 1. Person benutzt. Wenn von der Wunsch- und Willensäußerung anderer Personen die Rede ist, stehen diese in der Form がる (*-garu*) oder in der Form がっている(*-gatteiru*). Das finale い wird durch eine der möglichen Formen der Endung *-garu* ersetzt.

彼女はフランスへ行きたがっている。

Furansu e ***ikitagatte iru.***
Sie **will** nach Frankreich fahren.

彼はゲームが欲しがっている。

Kare wa gêmu ga ***hoshigatte iru.***
Er **will** ein Videospiel (haben).

Der Ausdruck つもりです (*tsumori desu*) drückt eine **Absicht** aus. Normalerweise steht つもり mit である. Man kann aber auch Ausnahmen wie つもりがある (*tsumori ga aru*) oder つもりはない (*tsumori wa nai*) finden. Im gesprochenen Japanisch kann das Verb manchmal auch ganz weggelassen werden. Das Verb, das dem Satz den Sinn gibt, steht dann ganz vorn.

日本へ行くつもりです。

Nihon e iku ***tsumori desu.***
Ich will (= habe die Absicht) nach Japan (zu) fahren.

Wie liest man das?
Kore! Katte hoshii.
Kau wake aru kai.

Was bedeutet das?
Ich will, dass du mir das kaufst.
Daran habe ich gerade gedacht.

1. Lies den 4-Panel-Strip und achte auf die Sprechblase 1a.

隣の部屋は美人がいっぱい。

Wenn du diesen Satz genauer betrachtest, wirst du feststellen, dass hier das **Verb fehlt**. Achte auf die Partikel: は markiert hier das Thema 隣の部屋. Wir wissen, dass das Verb fehlt, weil 美人が ein grammatisches Subjekt kennzeichnet. いっぱい funktioniert als Adverb (überfüllt / voll bis obenhin). Wäre ein Verb vorhanden, müsste いる (*iru*) oder irgendein Zustandsverb hier stehen. Es wurde aber **weggelassen**.

2. Achte auf die Sprechblase 3b.

Die Verbform 誘ってくれた bedeutet wörtlich übersetzt: »Er / Sie tat mir den Gefallen, mich einzuladen.« Diese Konstruktion werden wir weiter hinten in diesem Band, im Abschnitt **Die Handlung im Manga**, noch genauer behandeln.

3. Achte auf die Sprechblase 4b.

Hier steht die *tai*-Form, mit der der Wunsch, etwas zu tun, ausgedrückt wird. Das heißt nicht unbedingt, dass das Gewünschte auch geschehen wird. Die Übersetzung auf Deutsch wäre in etwa: »Am liebsten würde ich sie umbringen«, »Ich könnte sie umbringen.« Dieses Anliegen ist hier also weniger ein echter Wunsch, sondern vielmehr die unwahrscheinliche Möglichkeit eines Ereignisses.

メモ

部屋	Raum / Zimmer
美人	Schönheit / schönes Mädchen
いっぱい	überfüllt / voll
チッ	Pff! Pah!
誘う	einladen
少なくとも	wenigstens / mindestens / zumindest
付く	bei jmdm. bleiben / berühren
殺す	umbringen / töten

20

ドイツ語

1a Im Raum nebenan sind viele schöne Mädchen!

1b Pff!

3a Hey, was machst du denn hier?

3b Sakai hat mich eingeladen.

4a Sie meinte, ich solle kommen, damit du auch mal von einem Jungen angesprochen wirst ...

4b Die bring ich um!

LESEN!

1. Lies die Sprechblase 2 in Panel 1.

Im Gegensatz zum vorherigen 4-Panel-Strip, in dem der Ausdruck: »Die bring ich um!«, nur im übertragenen Sinn vorkam, drückt つもり hier ein **stärkeres Wollen** wie: »Mein Ziel ist es …«, »Ich beabsichtige …«, aus. Aber auch das ist keine wirklich feststehende Entscheidung. Mayu beabsichtigt lediglich, mit Haruka zu reden.

2. Sieh dir die zweite Sprechblase in Panel 2 genauer an und betrachte die einzelnen Satzteile.

In der *tai*-Form wird hier der **Wunsch**, etwas zu tun, ausgedrückt. Das heißt nicht unbedingt, dass das Gewünschte auch geschehen wird. Die Übersetzung auf Deutsch wäre in etwa: »Am liebsten würde ich sie umbringen!«, »Ich könnte sie umbringen!« Er drückt eher eine wage Hoffnung aus: »Ich wünschte …«, »Ich will …«

まゆ が 知ってる男の子 [Junge, den Mayu kennt]	が	いる	と	いい [gut]	と	思って [kennt]
	Subjekt-partikel	Verb いる	Partikel der Bedingung	い Adjektiv	Partikel des Zitats	Verb 思う

Wörtlich: »Ich dachte, wenn da ein Junge wäre, den du kennst ...«

Die Partikel と kann nicht nur ein Zitat kennzeichnen, sondern auch eine **Bedingung** (Konjunktion).

- いると → »Wenn er da ist.«

よく覚えてね

Mach dir keine Sorgen um all die Konjunktionen oder Verbformen, die **du noch nicht kennst oder übersetzen kannst.** Mithilfe der Vokabelliste wirst du bald das bisher Gelernte anwenden und die fehlenden Puzzleteile zusammensetzen können.

メモ

なら	wenn (Konjunktion)
思い上りの	eingebildet / hochnäsig / arrogant
ナンパする	flirten
頭	Kopf

21

ドイツ語

1a Wenn's dich stört, dass ich eingeladen bin, sprich doch mit Sakai.

1b Das werd ich auch!

2a Haruka! Warum hast du bloß diesen eingebildeten Ryohei eingeladen?

2b Damit du auch einen Jungen kennst ...

3a Ich kenne doch schon einen. Da ist doch ... Kei!

3b Aber der kann sich nicht um dich kümmern. Er ist beschäftigt.

3c Beschäftigt? Womit denn?

4a Mit Flirten.

4b Das bildest du dir doch bloß ein!

3 Noch mehr Nominalisierungen

In Band 1 sind wir bereits auf verschiedene Funktionen von もの (*mono*) und こと (*koto*) eingegangen. Sie bedeuten beide so etwas wie »Sache / Gegenstand« oder »Tatsache«. Während もの für **konkrete Dinge** benutzt wird, setzt man こと eher für abstrakte Dinge oder **Tatsachen** ein. Beide sind sehr gebräuchlich und haben noch weitere Funktionen.

もの (*mono*) kann in folgenden Strukturen vorkommen.

– Mit *i*-Adjektiven:

おいしくない**もの**。
Oishikunai ***mono***.
Ich mag es nicht ... [wörtlich: »Es ist nicht lecker.«]

– Mit *na*-Adjektiven:

彼が好き**だもの**。
Kare ga suki ***da mono***.
Ich mag ihn.

– Mit Substantiven:

はるかちゃんは漫画家**なんだもの**。
Haruka-chan wa mangaka ***nan da mono***.
Haruka ist Mangaka.

In der Umgangssprache wird so ein bestimmter Grund hervorgehoben. Für das dritte Beispiel gibt es noch eine weitere Variante, nämlich なんだもの (oder なんだもん).

– Mit Verben in der Vergangenheit

学生のころはマンガクラブで絵をよく描いた**ものです**。
Gakusei no koro wa manga kurabu de e o yoku kaita ***mono desu***.
Als ich studierte, zeichnete ich **für gewöhnlich** im Mangaklub.

Es wird über etwas gesprochen, das bereits vorbei ist oder das in der Vergangenheit regelmäßig geschehen ist. Dabei schwingt ein Hauch von Nostalgie mit.

– Mit Verben im Infinitiv

家に入る時は靴を脱ぐ**ものです**よ。
Ie ni hairu toki wa kutsu o nugu ***mono desu*** *yo*.
Wenn man das Haus betritt, **muss man** sich die Schuhe ausziehen.

Hier wird ein **indirekter Befehl** erteilt.

こと (*koto*) findet sich auch in folgenden Strukturen:

– Mit Verben, die nicht in der Vergangenheitsform stehen, und mit ことにする (*koto ni suru*):

> 電車に乗る**ことにします**。
> *Densha ni noru **koto ni shimasu**.*
> Ich werde den Zug nehmen. [wörtlich: »**Ich habe beschlossen**, den Zug zu nehmen.«]

Hier wird angezeigt, dass eine Entscheidung getroffen wurde.

– Mit Verben oder Adjektiven, die in der Vergangenheit stehen:

> 日本へ行った**ことがあります**。
> *Nihon e itta **koto ga arimasu**.*
> Ich war schon mal in Japan.

Hier wird eine bereits vergangene Handlung ausgedrückt.

4 Ich wäre gern stärker!

Mit dem Verb なる (*naru*) kann man eine ganze Reihe **unpersönlicher** Handlungen ausdrücken, ohne dabei den Agens (wer macht was) anzugeben. Will man z. B. sagen: »Es ist schon Frühling«, würde man das Verb 春になりました (*haru ni narimashita*) benutzen. Wörtlich heißt der Satz: »Es ist Frühling geworden.« Das entspricht dem Verb »werden« im Sinne von »sich entwickeln«, »gedeihen« oder »entstehen«.

In den nächsten 4-Panel-Strips wirst du weitere ähnliche Ausdrücke finden, in denen das Verb なる zusammen mit anderen Elementen vorkommt. Auf der nächsten Seite zeigen wir dir, wie das Verb benutzt wird.

Wie liest man das?
– Kiniro no yoroi o yaru zo.
– Sore o kitte moto tsuyoku naru!

Was bedeutet das?
– Ich gebe dir die goldene Rüstung.
– Damit werde ich stärker sein!

– Mit *i*-Adjektiven (〜い wird zu 〜く):

寒くなりました。
*Samu**ku narimashita**.*
Es ist kalt. [wörtlich: » **Es ist** kalt **geworden.**«]

– Mit Verben:

読めるようになりました。 *Yomeru **yô ni narimashita**.* Ich kann das schon lesen. [Wörtlich: »Ich **habe es geschafft,** es lesen **zu können.**«]	**晴れになりました。** *Hare **ni narimashita**.* Das Wetter ist schön. [Wörtlich: »Das Wetter ist wieder **schön** geworden.«]

– Mit *na*-Adjektiven (-なwird zu-に):

簡単になりました。
*Kantan **ni narimashita**.*
Es fällt mir leicht. [Wörtlich: » **Es ist** einfach **geworden.**«]

– ことになりました weist auf eine Entscheidung hin, die nicht in der ersten Person Singular (ich) getroffen wurde, sondern »es wurde entschieden«.

日本へ行くことになりました。
*Nihon e iku **koto ni narimashita**.*
Ich werde nach Japan fahren. [Wörtlich: » **Es wurde entschieden,** dass ich nach Japan fahre.«]

LESEN!

1. Sieh dir das erste Panel an und achte auf die Satzstruktur.

   Achte darauf, wie die einzelnen Elemente miteinander verbunden sind.

そこ(で)	ボーしてて	どうするんだ(よ)
[dort]	[verblüfft sein] **Verb する in progressiver *te*-Form + Verb いる in konjunktiver *te*-Form**	★

[Wörtlich: »Was machst du da und warum guckst du so verblüfft?«]

注意!

★ Die Form んだ (*nda*) ist in diesem Satz die Zusammenziehung von のだ (*no da*). するんだ → するのだ. Du kannst dies in Band 1 unter **Einen Satz auf seinen wesentlichen Sinn komprimieren** im Kapitel **Der Dialog im Manga** noch mal nachlesen.

メモ

ボーする	verblüfft sein / erstaunt dreinblicken
楽しむ	sich freuen / sich amüsieren / Spaß haben

ドイツ語

- 1a Seiichi, steh da nicht so dumm rum!
- 2a Beim Karaoke muss man singen!
- 2b Ich glaube nicht, dass ich eins von diesen Liedern kenne ...
- 4a Nur das von *Fantasy Quest!!!*
- 4b Oh yeah! Oh yeah!

LESEN!

1. Lies den ganzen 4-Panel-Strip. Betrachte das erste Panel.

   In der ersten Sprechblase kommen zwei Sätze vor. Analysiere die **Position** der Partikeln und die des Verbs. Das finale Element はるかちゃんに wird hinter das Verb gestellt, um es hervorzuheben. Die logische Struktur des Satzes wäre:

   あんた、はるかちゃんに何を贈るの？

   Damit der Satz auch im geschriebenen (nicht gesprochenen) Japanisch korrekt wäre, müsste die Partikel は eigentlich hinter あんた stehen. Da im Manga aber alle Sprachebenen vorkommen können, ist hier vieles möglich, sogar **sehr umgangssprachliche** Strukturen, die eigentlich grammatikalisch falsch sind. Kurz gesagt, im gesprochenen Japanisch kann man bestimmte Grammatikregeln einfach außer Acht lassen. Du musst lernen, wann und wo die Partikeln oder Verben einfach weggelassen werden können, um die Sätze auch im Manga richtig zu verstehen.

2. Betrachte Panel 2. In der Sprechblase kommt ein Ausdruck mit もの vor.

   Hier wird ein **indirekter Befehl** formuliert. Ohne es direkt zu sagen, fordert Mayu Ryohei auf, Haruka etwas zu schenken, da er ja zu ihrer Party eingeladen ist. Der hier benutzte Ausdruck weist darauf hin, dass man üblicherweise so etwas macht: »Wenn man zu einer Geburtstag-Party eingeladen wird, bringt man ein Geschenk mit.«

3. Sieh dir Panel 3 an. Erkennst du eine der bisher behandelten Strukturen wieder?

   Die Form て来る (*-tekuru*) steht in der Vergangenheit. Sie weist hier auf eine **doppelte Handlung** hin, »bringen und kommen«: »Ich habe das hier mitgebracht.«

23

メモ

贈る	schenken / beschenken
誕生日	Geburtstag

ドイツ語

1a Und, was hast du Haruka geschenkt?

1b Geschenkt?

2a Wenn man zu einem Geburtstag eingeladen wird, dann bringt man doch ein Geschenk mit.

2b Ha ha ha! Natürlich.

3a Das war nur ein Witz. Natürlich hab ich ein Geschenk dabei ...

4a Ich werde mich als Sailor Boy verkleiden!

1. Lies den gesamten 4-Panel-Strip. Such die Verben und die Partikeln, um die Sätze zu verstehen.

Finde die Partikeln und achte auf die Elemente, die sie umgeben. Überleg dir, welche grammatikalische Funktion jede einzelne Wortgruppe hat, und versuche anschließend, mithilfe der Vokabelliste die Bedeutung der Sätze zu verstehen.

Die Sätze in diesem 4-Panel-Strip haben eine sehr einfache Konstruktion. Es ist an der Zeit, dass du versuchst, ihn ohne Tipps zu lesen! がんばってね!

2. Such nach bekannten Ausdrücken!

In der ersten Sprechblase in Panel 3 erscheint einer der Ausdrücke mit こと, die auf den vorangegangenen Seiten bereits erklärt wurden.

何回	も	聞いたことがある	から。
[oft]		[gehört haben]	[weil]
	Partikel der Betonung		Konjunktion

[Wörtlich: »Weil ich sie oft gehört habe.«]

3. Betrachte Panel 4!

Das Verb 見れば steht im Konjunktiv: »Wenn du siehst ...«

コレを見れば、考えも変わるでしょう

[Wörtlich: »Wenn du das siehst, wird sich (deine) Meinung sicher ändern.«]

よく覚えてね

Du wirst auch weiterhin auf Verbformen stoßen, die wir noch nicht behandelt haben. Um sie dennoch verstehen zu können, steht dir immer die deutsche Übersetzung der Dialoge zur Verfügung. Später wirst du noch mehr über die **Konjugation der Verben** erfahren.

メモ

昔	früher / einst / anno dazumal
大冒険	großes Abenteuer
考え	Idee / Gedanke

24

ドイツ語

1a Ich erlebte einst tausend Abenteuer! *Fantasy Queeeeest!*

2a Uahu!

2b Das hast du super gesungen, Seiichi!!

3a Na klar! Ich hab's ja auch zigmal gehört.

3b Das war das Tollste an meinem Geburtstag heute.

4a Das sagst du doch nur, weil du **das hier** noch nicht gesehen hast.

LESEN!

1. Lies den 4-Panel-Strip durch und finde die Verben und die Partikeln. Versuch, mithilfe der Vokabelliste die Sätze zu verstehen.

Betrachte die Form 使っちゃう in Panel 2 genauer. Es ist eine Kurzform von 使ってしまう. Schlag auf den vorherigen Seiten nach: Sie markiert eine bereits abgeschlossene unveränderliche Handlung. In diesem Fall schwingt eine Nuance von »bis auf den letzten Pfennig ausgeben« mit.

2. Finde die Konstruktion mit こと und vergleiche sie mit den Beispielen auf den vorherigen Seiten.

- 同人誌に出すことにした → Beachte, dass ことにする eine **Entscheidung in der ersten Person Singular** kennzeichnet. Hier steht es in der informellen Vergangenheit.

コスプレカフェ

Im Manga kommen oft Szenen vor, in denen die handelnden Personen etwas in einem Cosplay-Café – auf Japanisch コスプレカフェー – trinken gehen. Das sind Cafés, in denen die Kellnerinnen und Kellner sich als Manga- oder Animefiguren verkleiden oder bestimmte Manga-Stereotypen darstellen. Wie zum Beispiel die メイド (*maid*), die entweder Dienstmädchen- oder Schulmädchen-Uniformen tragen.

メモ

人前	in der Öffentlichkeit
ばかばかしい	albern / verrückt / töricht
死体	Leiche / Kadaver
格好	Aussehen / Look
給料	Gehalt
ゴシックロリ	Gothic Lolita
ドレス	Kleid
遊び	Spiel
ファション	Mode

ドイツ語

1a In diesem albernen Aufzug machst du dich einfach immer wieder total lächerlich!

2a Und du, he? Das bisschen Geld, das du im Seven Eleven verdienst, gibst du aus, um dir diese Totengräber-Klamotten zu kaufen!

3a Meine Gothic Lolita-Kleider sind nicht so albern wie deine Verkleidungen. Das ist in, du Idiot!

4a Ich habe beschlossen, dass die beiden in meiner Geschichte ein prima Paar abgeben!

4b Nur weiter so!

1. Such alle Formen von なる in den 4-Panel-Strips und versuch, mithilfe der grammatischen Erklärungen die Sätze zu verstehen.

In Panel 1 kommt der Ausdruck 行くことになった vor. Hiermit wird eine allgemeine Entscheidung, die ohne einen bestimmten Agens der Handlung auskommt, bekannt gegeben: »Man hat entschieden ...«, »Es wurde beschlossen ...«

2. Achte auf das Verb 飲み過ぎた in Panel 3.

Die Konstruktion besteht aus 飲む (trinken) und 過ぎる (übertreiben). **Zusammengesetzte Verben** kommen im Japanischen sehr häufig vor. Wenn du die Bedeutung der einzelnen Elemente kennst, kannst du rasch den Sinn des zusammengesetzten Verbs erfassen.

3. Achte auf die Sprechblase 4a. Besonders interessant ist hier die Form の.

プレステ を 20時間やった の と 同じ感じだ

Beachte den Gebrauch von の + と

- の nominalisiert alle direkt vor ihm stehenden verbalen Formen.
- と hat eine vergleichende Funktion: と + 同じ, »ist gleich (+ alles was vor と steht)«. Du kannst auch ähnliche Bildungen mit der gegenteiligen Bedeutung finden: と + 違う (ちがう), »ist nicht gleich ...«

メモ

調子	Kondition / Zustand
悪い	schlecht
飲み過ぎる	zu viel trinken
感じ	Sensation

26

ドイツ語

1a Seiichi, wir wollen noch was trinken gehen.

2a Aua!

2b Geht es dir nicht gut?

3a Ich glaube, ich hab zu viel getrunken. Ich sehe alles ...

4a ... wie nach zwanzig Stunden Dauerzocken ...

LESEN!

1. Lies den 4-Panel-Strip. Achte auf den Text und versuch, dir bekannte Strukturen zu entdecken.

In der zweiten Sprechblase in Panel 2 erscheint der Ausdruck **はず**, der die Gewissheit einer Aussage unterstreicht: »Er müsste hier sein«, »Er ist mit Sicherheit hier.«

2. Achte genau auf die Verben und den Gebrauch der *te*-Form:

- ボックスに**入って来てる** → »gerade dabei sein, die Box zu betreten« (doppelte Handlung)
- トイレへ**行ってる** → »auf der Toilette sein« (andauernde Handlung)
- ○○○なんか**やってる** → »gerade dabei sein, etwas zu tun« (Gerundium)

2. Beachte die Partikeln und die Verben in 4a. Obwohl hier kein Substantiv vorkommt, weißt du doch, wohin alles gehört, oder?

- ふたりで → alle beide
- や → und
- で → mit / und
- ね → Satzendpartikel

かわいい！

Warum ist alles かわいい? Wenn du Band 1 gelesen hast, wirst du wissen, dass *kawaii* »niedlich«, »bewundernswert«, »toll« bedeutet. Die Ausdrücke mit *kawaii* sind so ähnlich wie: »Ach, wie niedlich!«, »Wie toll!« etc. *Kawaii* ist alles, was sanft und bezaubernd ist. Frauen können in Manga fast alles so bezeichnen. Männer oder Jungen verwenden かわいい oft, wenn sie ein Mädchen hübsch, sympathisch oder charmant finden.

メモ

我慢	Geduld / Duldsamkeit / Selbstbeherrschung
トイレ	Toilette

我慢

Japaner sind nicht so gut darin, offen über ihre Gefühle zu sprechen. Wenn sie versuchen, ein Gefühl zurückzuhalten, benutzen sie dafür den Ausdruck **我慢する** (*gaman suru*): sich zurückhalten, etwas unterdrücken, selbstbeherrscht sein, Geduld haben. In Japan gilt das als eine **Tugend**.

27

ドイツ語

- 1a Hä? All diese Mädchen wollen in meine Box ...?!
- 1b Keis Fans!
- 2a Ich halt das nicht mehr aus! Wo ist unser geliebter Aikawa?
- 2b Er muss hier sein!
- 3a Kei ist mit Seiichi auf Toilette gegangen.
- 3b Ach so, okay.
- 3c Was für ein niedliches Mädchen.
- 4a Sie machen sicher gerade XXX und XXX mit XXX oder so was.
- 4b Niedlich ist die ja wohl kein Stück!

1. Sieh dir den Satz in der Sprechblase 2b an. Hier kommen einige wichtige Ausdrücke vor.

そんなに好きなら　けいくんが誰かいるかどうか調べるべきだよ！

– なら → zeigt eine Bedingung an. »Wenn es euch so gefällt ...«
– 誰かいるかどうか → Bildung des Interrogativpronomens 誰 + かどうか, ein Ausdruck, den wir bereits kennengelernt haben. Er bedeutet: »Ob er mit jemandem zusammen ist oder nicht.«
– しらべるべき → »ihr hättet euch informieren sollen«, »ihr hättet euch informieren müssen«.

2. Finde die Partikeln in dem 4-Panel-Strip. Such und markier anschießend die Verben. Stimmen sie mit dem überein, was hier gekennzeichnet ist? Kannst du sagen, wie sie konjugiert sind?

やかましいわ。
あのね。みなさん、ざんねんなおしらせが<u>あります</u>。
そんなに<u>すき</u>なら、けいくんが だれか <u>いる</u>かどうか<u>調べるべきだ</u>よ。
この同人誌は 悲哀なラブストーリーが <u>描いてある</u>の。
あれ？感動<u>してくれた</u>かな。

Wenn du dich an eine der Zeitformen nicht mehr erinnerst, schlag einfach in der Verbtabelle in Band 1 (Seite 120) nach.

お見合い

Gibt es wirklich noch Zwangsheiraten (お見合い)? Heutzutage entscheidet ein Paar selbst, ob es heiraten will oder nicht, egal, ob ein Dritter das Kennenlernen organisiert hat oder nicht. Normalerweise sind diese Dritten die Eltern, die gut situierte, kultivierte und gebildete Partner für ihre Kinder suchen. Im Berufsleben können Chefs ihren männlichen Angestellten, die ins Ausland geschickt werden sollen, ebenfalls eine Partnerin suchen. Das letzte Wort bei der endgültigen Entscheidung haben heute aber die Betroffenen selbst.

メモ

やかましい	laut / lärmend / krittelig
知らせ	Ansage / Nachricht / Meldung
悲哀	Traurigkeit / Leid / Betrübnis
感動する	bewegt sein / gerührt sein

28

ドイツ語

1a Aikawa ...

1b Aii!

1c Was für Nervensägen!

2a Mädels, ich hab eine schlechte Nachricht für euch.

2b Um Kei zu gefallen, müsstet ihr Männer sein.

3a Was?

3b In diesem Dôjinshi könnt ihr die herzzerreißende Geschichte seiner Liebe zu Nagaoka nachlesen.

4a Buaaah!

4b Sieh mal einer an. Mein Manga ist euch wohl echt nahegegangen.

4c So ähnlich ...

1. Sieh dir die Konstruktion mit なる in der Sprechblase 1a an.

眠くなって来た。

Hier werden das Adjektiv 眠い (*nemui*) in der *ku*-Form (die zum Verbinden mit einem Verb dient), das Verb なる und das Verb 来る (*kuru*) miteinander verbunden. Warum? Weil なる mit ～て来る in der Vergangenheit steht:

眠くなる → schläfrig werden / müde werden
眠くなってきた → »Ich bin plötzlich so müde geworden«, »Mich überkommt plötzlich Müdigkeit.«

2. Achte auf den Text in der zweiten Sprechblase. Hier wird die Form **x のほうが + Adjektiv** benutzt.

Diese Form verwendet man, um zwei Elemente zu vergleichen. In Band 1 wurde sie bereits erläutert! (Siehe dazu im Abschnitt **Die Konjugation der Adjektive** im Kapitel **Die Ausdrucksweise im Manga** nach.)

今は　本物のスケッチのほうが　楽しいの。
herausragendes Element des Vergleichs

[Wörtlich: »Die Skizzen anhand lebender Figuren sind jetzt viel lustiger.«]

3. Achte auf den Ausdruck するじゃんか in Panel 4.

するじゃんか → する+じゃない+か

じゃん anstelle von じゃない zu benutzen, ist sehr umgangssprachlich. Das macht man nur zwischen Freunden oder innerhalb der Familie.

メモ

だんだん	allmählich / immer mehr
眠い	müde / schläfrig
寝る	schlafen
おどろき	Erstaunen / Erschrecken
スケッチ	Skizze
楽しい	lustig
誰	wer / wen
怒る	sich ärgern / zornig werden

29

ドイツ語

1a Ich werde langsam echt müde.

1b Na klar! Es ist ja auch Schlafenszeit.

2a Haruka, ich bin echt überrascht. Du hast uns nicht ein Mal fotografiert!

2b Ich skizziere jetzt lieber lebende Modelle.

3a Und wer ist die da, die so verrückt aussieht?

3b Das bist du, wenn du wütend bist.

4a Ich zieh doch nicht so ein Gesicht!

4b Tust du doch. Siehst du?

LESEN!

1. Analysiere den Text Abschnitt für Abschnitt.

Nun kannst du bereits alle Verbformen, die hier vorkommen, und die jeweiligen Funktionen aller Partikeln verstehen. Gehen wir sie Panel für Panel noch einmal durch.

Partikeln

1a	に	いっしょ**に** → alle zusammen, gemeinsam
	ね	ありがとう**ね** → Satzende, um den Ton abzuschwächen
2b	の	すうがく**の**試験 → Komplement des Nomens: Mathematikprüfung
	に	月曜日**に** → Temporale Ergänzung / Komplement der Zeit: »montags«
	に	うけること**に**なっている → Zweck (siehe ことになる, *koto ni naru*)
3b	は	今週**は** → Thema: Diese Woche betreffend ...
	で	原宿**で** → Ort: in Harajuka
	を	あのばかドレス**を** → direktes Objekt: dieses absurde Kleid
	に	見せびらかせ**に**いけなくなる → Zweck: sich umziehen gehen; sich anziehen
	よな	いけなくなる**よな** → Satzende / Ausruf / Bestätigung
3c	わよ	いく**わよ**! → Satzende / Betonung / Ausruf
4b	の	x**の**余弦 → Ergänzung des Nomens Kosinus

Verben

1a	あそんでくれて :: *te*-Form in einem Ausdruck mit der *tekureru*-Form von
	だ :: affirmatives, informelles Präsens
2b	受ける（受けることになっている）:: Infinitiv in einem Ausdruck mit *koto ni naru*
	覚えてなかった :: *teiru*-Form in der Vergangenheit
3a	忘れて :: *teiru*-Form in der Vergangenheit
3b	行けなくなる (見せびらかせに行けなくなる) :: Periphrase des Zwecks
	見せびらかせにいけなくなる
	いけなくなるよな〜
3c	行くわよ :: Infinitiv

メモ

明日	morgen
試験	Prüfung
勉強	das Studium / das Lernen
数学	Mathematik
月曜日	Montag
受ける	empfangen / erhalten
覚える	erinnern
忘れる	vergessen
今週	diese Woche
日曜日	Sonntag
余弦	Kosinus

30

ドイツ語

1a Danke euch allen, dass ihr zu meiner Party gekommen seid.

1b Blöder Mist! Morgen ist die Matheprüfung. Wir müssen echt noch lernen.

2a Prüfung?

2b Die Matheprüfung wurde doch auf Montag verschoben, weißt du das nicht mehr?

3a Das hatte ich total vergessen!

3b Dann kannst du diese Woche wohl nicht nach Akihabara, deine albernen Klamotten vorführen.

3c Ach was! Das werden wir ja sehen.

4a Sonntag.

4b Der Kosinus von x ist ...

5 Ich war das nicht!

Wenn man auf Japanisch sagen will, dass etwas **eben einfach so ist**, ohne einen bestimmten Agens zu betonen, dann benutzt man dazu Ausdrücke wie はず (*hazu*) und べき (*beki*).

はず (筈) wird mit dem Verb である gebildet (Beispiel: はずです). Es gibt an, dass eine Aussage mit hoher Wahrscheinlichkeit richtig ist: »Man nimmt an ...«, »Man geht davon aus ...«

コンビニで働いてるはずです。

Konbini de hataraiteru ***hazu desu.***

Er arbeitet mit Sicherheit gerade im Konbini.

プロの仕事だから難しいはずです。

Puro no shigoto dakara muzukashii ***hazu desu.***

Das ist ein Job für Fachleute. **Bestimmt** ist er sehr schwierig.

べき (可き) ist eine selbst auferlegte Pflicht, eine **moralische Verpflichtung**: »Man muss ...« Es kann attributivisch verwendet werden: 描くべきマンガ (*kaku beki manga*) bedeutet: »Der Manga, den ich zeichnen muss.«

忙しい日は朝早く起きるべきだ。

Isogashii hi wa asa hayaku okiru beki da.

An Tagen, an denen viel zu tun ist, **muss man** früh aufstehen.

読むべきマンガはいっぱいあるけど、忙しくて読めないの。

Yomu beki manga wa ippai aru kedo, isogashikute yomenai no.

Ich müsste noch so viele Manga lesen, aber ich habe gerade viel zu tun und überhaupt keine Zeit.

In diesem Abschnitt werden wir die Textstrukturen der 4-Panel-Strips behandeln, die über die einzelnen Sätze hinausgehen. Du kannst so erkennen, wie die einzelnen Sätze miteinander verbunden werden, damit sie einen Dialog bilden. **Der Sinn eines Textes steht nicht in einem einzelnen Satz**, sondern er erschließt sich meist erst im Kontext. Es ist daher wichtig, das Zusammenspiel zwischen den verschiedenen Satzelementen zu erkennen.

1 Textanalyse zum besseren Verständnis

Im Japanischen gibt es fünf linguistische Elemente: Konjunktionen, Demonstrativa und Pronomen, Partikeln, die Wiederholung und lexikalische Kohäsion sowie schließlich die erwartete Antwort auf eine vorhergehende Phrase.

Um herauszufinden, wie die Satzteile miteinander verbunden sind, solltest du auch die **semantischen Beziehungen** konsekutiver Sätze betrachten. Dazu gibt es sieben Herangehensweisen, die wir auf den folgenden Seiten erklären werden.

Die fünf linguistischen Elemente

1. **Konjunktionen** kennzeichnen die Beziehung zweier Sätze zueinander (Widerspruch, Grund, Ursache etc.).
2. **Demonstrativa** und **Pronomen** beziehen sich auf etwas, das bereits im Text vorgekommen ist (Anapher).
3. **Themapartikeln** wie は (*wa*) und も (*mo*) markieren in einem einzelnen Satz das Thema. Mithilfe dieser Partikeln können wir also das Thema einer Satzgruppe ausfindig machen.
4. Die **Wiederholung** und die lexikalische Kohäsion dienen dazu, etwas bereits Gesagtes mit einer neuen Information zu verbinden.
5. Die **Antwort**, die durch eine vorhergehende Phrase wie eine Frage veranlasst wird, ist in einem aus Fragen und Antworten bestehenden Dialog eine direkte Verknüpfung.

Was hat der zweite Satz mit dem ersten zu tun?

1. Er erweitert ihn! (Erweiterung)
2. Er drückt eine entgegengesetzte Meinung aus! (Opposition)
3. Er fügt etwas hinzu und verbindet zwei Gedanken miteinander! (Beifügung)
4. Er beschreibt dasselbe! (Apposition)
5. Es handelt sich um einen Nachtrag! (Ergänzung)
6. Er drückt etwas aus, das sich von der Bedeutung des ersten Satzes unterscheidet! (Kontrast)
7. Er geht über das Thema des ersten Satzes hinaus! (Exkurs)

Natürlich gibt es auch eine **allgemeine Textstruktur** und semantische Beziehungen zwischen Sätzen, die nicht konsekutiv sind. Auch sie sind **zum Verständnis von Texten** sehr wichtig. Für den Moment sollten wir uns jedoch auf die Elemente konzentrieren, die uns dabei helfen können, **die Beziehung der Sätze innerhalb der 4-Panel-Strips,** die wir auf den folgenden Seiten behandeln werden, **zu erkennen**.

Bevor wir zu den Konjunktionen übergehen, solltest du dir einige **Partikeln** besonders einprägen, da sie sowohl aufgrund ihrer Funktion innerhalb des Satzes als auch wegen der Verbindung, die sie zwischen zwei Sätzen herstellen können, sehr wichtig sind. Aus diesem Grund solltest du sie erkennen können, wenn sie in einem Text vorkommen. Es handelt sich um die Folgenden:

も	はるかちゃん**も**まゆちゃん**も** →	**Sowohl** Haruka **als auch** Mayu.
と	はるかちゃん**と**精一くん**と**けいくん →	Haruka, Seiichi **und** Kei.
や	ゲーム**や**パソコン**や**アニメ**など** →	Videospiele, Computer, Anime etc.
やら	マンガ**やら**同人誌**やら** →	Manga, Dôjinshi **und vielleicht noch mehr Dinge.**
とか	映画**とか**カラオケ**とか** →	Sachen wie Kino, Karaoke **oder so**.
だの	メイク**だの**ファション**だの**→	**Sachen wie** Schminke und Mode.

Die Partikel か (*ka*) kann neben den Funktionen, die wir in den vergangenen 4-Panel-Strips schon gesehen haben, auch eine Alternative im Satz ausdrücken wie zum Beispiel:

– Eine Alternative darstellen:

原宿か新宿で
*Harajuku **ka** Shinjuku de.*
Entweder in Harajuku **oder** in Shinjuku.

– Hinter einem Interrogativpronomen:

誰かいますか。
*Dare **ka** imasu ka.*
Ist da wer?

– Subordinierte Frage:

行くか行かないかまだ決めてないんだ。
*Iku **ka** ikanai **ka** mada kimetenain da.*
Ich weiß noch nicht, ob ich gehe **oder** nicht.

行くかどうかまだ決めてないんだ。
*Iku **ka** dôka mada kimetenain da.*
Ich weiß noch nicht, ob ich gehe **oder** was ich sonst mache.

Wie liest man das?
Geisha Boy ka Garu Boy o yomu.

Was bedeutet das?
Ich werde *Geisha Boy* oder *Gal Boy* lesen.

2 Wie werden Sätze miteinander verbunden?

1. Mit der *te*-Form

カラオケに行って、いっぱい歌って、楽しかった。
*Karaoke ni i**tte**, ippai uta**tte** tanoshikatta.*
Wir sind zum Karaoke gefahren, haben viel gesungen **und** Spaß gehabt.

2. Mit Konjunktionen

– Der Beifügung （そして oder それから）

精一くんの家に行きました。そして、ゲームをやりました.
*Seiichi-kun no ie ni ikimashita. **Soshite** gêmu o yarimashita.*
Ich bin zu Seiichi nach Hause gefahren **und** wir haben Videospiele gespielt.

– Des Kontrastes （でも、けれども、しかし oder が）

けいくんの道場へ行った。でも、合気道練習に入らなかった。
*Keikun no dôjô e itta. **Demo** aikidô renshû ni hairanakatta.*
Ich bin zu Keis *Dôjô* gefahren. **Aber** ich habe mich nicht zum Aikidô-Training angemeldet.

– Des Grundes （だから、ですから、それで oder で）

あした試験があります。だから勉強しています。
*Ashita shiken ga arimasu. **Dakara** benkyô shite imasu.*
Ich hab morgen eine Prüfung. **Deshalb** lerne ich.

あした試験があるので、勉強しています。
*Ashita shiken ga aru **node** benkyô shite imasu.*
Ich lerne, **weil** ich morgen eine Prüfung habe.

– Konzessive (Gegengrund) Konjunktion

何度も探したが見つけません
*Nandomo sagashita **ga**, mitsukemasen.*
Ich hab's nicht gefunden, **obwohl** ich es stundenlang gesucht habe.

– Konjunktionen, die nach einer Antwort verlangen:
Einige Konjunktionen haben keine logische Verbindung zu anderen. Wenn sie innerhalb eines Satzes vorkommen, veranlassen sie den Gesprächspartner zu einer Antwort wie zum Beispiel けど oder が.

すみません。黒谷ですけど。
*Sumimasen. Kurotani desu **kedo**.*
Entschuldigung. Ich bin Kurontani ...

メモ

将来 Zukunft / Aussicht
結婚する heiraten

Achte auf den Platz, den die Konjunktionen それで und しかし einnehmen. Die erste **leitet** eine Erzählung ein: »Und dann …«, während die zweite ein Element einführt, das einen **Gegensatz** zum vorherigen Thema darstellt: »Aber mit 17 Jahren …« Mithilfe dieser Konjunktion kann man ein Gespräch dadurch dynamisch gestalten, dass der andere Gesprächsteilnehmer zu einer Entgegnung auf das bereits Gesagte veranlasst wird.

Vorsicht beim Verb 結婚する! Es wird zusammen mit der Partikel と verwendet

誰かと結婚する
Dareka ***to*** *kekkon suru.*
mit jemandem vermählt werden / sich vermählen / heiraten

ドイツ語

1a Und dann sind wir zum Karaoke gegangen.

2a Es war toll!

2b Das freut mich, Haruka.

3a Aber mit 17 Jahren musst du auch an die Zukunft denken.

4a Wann wirst du Aikawa heiraten?

4b Hä?

1. Achte auf die Sprechblase 1b.

   Die Antwort des Vaters beginnt mit einer Konjunktion, die in etwa dem Deutschen »eben genau darum« entspricht. Auf diese Weise bezieht er sich auf den vorherigen Kommentar von Haruka.

2. Achte auf die Satzendpartikeln in 1b und 2a!

   Die Konjunktion だの markiert eine Aufzählung. Er ist nicht nur ein anständiger Junge, sondern kommt auch aus einer guten Familie.

3. Sieh dir die Adresse in Panel 4 an.

目黒区駒場 4 - 5 - 2

Sie besteht aus fünf Elementen: dem Distrikt（目黒区）, dem Viertel（駒場）, der Nummer des Blocks (4), der Nummer des Gebäudes innerhalb des Blocks (5) und der Nummer der Tür (2). Manchmal wird auch noch ein Straßenname angegeben, was hier aber nicht der Fall ist.

メモ

幼馴染	Jugendfreund / Sandkastenfreund
彼氏	Freund / Geliebter
家柄	Abstammung / Herkunft
目黒区	Meguro-ku (Distrikt Meguro)
駒場	Komaba (Viertel von Meguro)

32

ドイツ語

1a Papa! Kei ist ein guter Freund aus Kindertagen, aber doch nicht mein Verlobter!

1b Genau darum ist er ja der richtige Mann für dich. Weil wir wissen, dass er ein guter Junge ist.

2a Außerdem kommt er aus einer sehr guten Familie!

2b Aber er steht doch auf Männer!

4a Meguro Viertel, Komaba, 4-5-2. Beeilen Sie sich bitte, er hat sich seit einer halben Stunde nicht mehr bewegt.

1. Lies den kompletten 4-Panel-Strip.

   Lediglich in Panel 4 kommen neue Wörter vor. Wenn du bislang die Partikeln und Verben aufmerksam gelernt hast, dürftest du eigentlich keine Schwierigkeiten haben, alles zu verstehen. Ist dir aufgefallen, dass in der Sprechblase 1b das Verb, das eigentlich am Ende stehen müsste, fehlt?

2. Sieh dir die Sprechblase 2b an.

   Hier steht eine adversative Konjunktion, die einen Gegensatz bzw. einen Kontrast ausdrückt: でも. Achte auf ihre Stellung im Satz. Der Gebrauch dieses Konnektors entspricht dem Deutschen »aber«, »vielmehr«, »sondern«.

3. Sieh dir die Sprechblase 3b an.

   Hier stehen nur Kanji. Aber keine Angst, denn mithilfe der Vokabelliste ist es ganz leicht, die Wörter zu verstehen.

下着	泥棒	登場
Unterwäsche	Dieb	Rückkehr

   Die Elemente, die das Nomen ergänzen, sind in **umgekehrter** Reihenfolge angeordnet. Das heißt, um diese Wortgruppe richtig zu verstehen, müssen wir **von hinten nach vorn** denken: »Die Rückkehr des Diebes der Unterwäsche« (Der Unterwäschedieb ist zurück!).

メモ

下着	Unterwäsche
泥棒	Dieb
再登場	Rückkehr (Wiedererscheinen auf der Bildfläche)

ドイツ語

1a Hast du diesen Dôjinshi gelesen?

1b Handelt er von Aikawas Geheimnis?

2a Ja.

2b Kaum zu glauben, auch wenn es da steht.

3a Hey, meine Unterwäsche ist weg!

3b Der Unterwäschedieb hat wieder zugeschlagen.

33

– Kausale (begründende) Konjunktionen

Die Konjunktionen から (*kara*) und ので (*node*) drücken einen **Grund** aus. Wie die Partikeln **stehen sie hinter dem Satz, auf den sie sich beziehen**. Da der Grund für etwas im Satz also immer vor der Konjunktion steht, kannst du sie statt mit »weil« auch mit »und daher«, »deshalb« oder »darum« übersetzen.

明日試験がありますから、勉強します。

*Ashita shiken ga arimasu **kara**, benkyô shimasu.*

Morgen habe ich eine Prüfung und	**darum**	lerne ich.
Grund		**Konsequenz / Folge**

好きじゃないので、食べません。

*Suki janai **node**, tabemasen.*

Ich mag es nicht,	**darum**	esse ich es nicht.
Grund		**Konsequenz/ Folge**

In Gesprächen oder im Manga kannst du trotzdem manchmal Sätze wie diesen hier finden:

それ、食べないよ。好きじゃないから。

*Sore, tabenai yo. Suki janai **kara**.*

Das werde ich nicht essen.	**Weil**	ich es nicht mag.
Folge / Konsequenz		**Grund**

In diesem Beispiel wird der Grund mit から erst nach dem Satz, der die Folge ausdrückt, angeben.

最後まで

Solange man nicht ganz am Ende angekommen ist, weiß man im Japanischen oft nicht, um was es in einem Text oder in einem Dialog geht. Im Manga ist es oft sogar noch komplizierter, da die Sätze auch noch **auf verschiedene Sprechblasen verteilt sind**. Um die Zusammenhänge der Sätze zu erkennen, muss man bis zum Ende lesen. Dies ist einer der Schlüssel für das Leseverständnis von Manga.

3. Konjunktionen der Aufzählung

An anderer Stelle haben wir schon Partikeln kennengelernt, die für Aufzählungen benutzt werden. Darüber hinaus gibt es aber auch Konjunktionen, die mit Verben und Adjektiven kombiniert benutzt werden. Eine von ihnen ist die *te*-Form (konjunktive *te*-Form). Außerdem gibt es noch zwei recht häufig vorkommende Strukturen:

カラオケで歌ったし、プレーステーをやったし、誕生日パアティは楽しかった。

Karaoke de utattashi, purêsute o yatta ***shi****, tanjôbi pâtî wa tannoshikatta.*

In der Karaoke-Bar haben wir gesungen, mit der Konsole gespielt **und** es war eine sehr lustige Geburtstagsparty.

友達と出かけ**たり**おちゃを飲ん**だり**しました。

*Tomodachi to dekake****tari*** *ocha o non****dari*** *shimashita.*

Ich bin mit meinen Freunden ausgegangen **und** wir waren in einem Café.

Im Fall von たり (*tari*) ändert sich die Form immer dann, wenn das Verb auf ぐ (*gu*), ぶ (*bu*), む (*mu*) oder ぬ (*nu*) endet. Mit **Handakuten** schreibt es sich dann: だり (*dari*).

働いたり	(働く *hataraku*)	arbeiten
泳いだり	(泳ぐ *oyogu*)	schwimmen
遊んだり	(遊ぶ *asobu*)	spielen / sich vergnügen
飲んだり	(飲む *nomu*)	trinken
死んだり	(死ぬ *shinu*)	sterben

Wie liest man das?
Kakkoii shi, kuroi shi, sugoi doresu janai?

Was bedeutet das?
Es ist supersüß und auch noch schwarz. Ist das nicht ein tolles Kleid?

LESEN!

1. Lies den 4-Panel-Strip und achte dabei auf die Partikeln und die Verben sowie inbesondere auf die Konnektoren.

Denke daran, dass es Satzendpartikeln und andere Partikeln mit ganz bestimmten grammatischen Funktionen (wie Markierung des Subjekts, Objekts etc.) gibt.

2. Uns interessieren hier vor allem die Konnektoren in Panel 2 und 4.

Die grammatikalischen Erklärungen auf derselben Seite helfen dir, ihre Funktionen zu entschlüsseln.

- だから → kausale Konjunktion
- けど → Konjunktion, die eine Antwort erwartet

3. Achte auf den ersten Teil der Texte in 3a und 4a.

Hier handelt es sich um Fragen, bei denen das Verb einfach weggelassen wurde.

森永は [どうですか]？ → 森永は？
何だと [言いましたか]？ → 何だと？

メモ

まいた	welch ein Unglück / was für eine Enttäuschung
清水寺	Kiyomizu-Tempel (Kyôto)
結婚式	Hochzeit / Hochzeitsfeier
予定	Plan
森永	Morinaga
中学生	Mittelschüler
ホモ	homosexuell

ドイツ語

1a Was für eine Enttäuschung!

1b Wie kannst du nur so etwas von Kei sagen?

2a Weil ich ein Mädchen bin, Papa. Wir Mädchen merken so was eben.

2b Und dabei hatte ich schon die Hochzeit im Kiyomizu-Tempel geplant. Und nun das ...

3a Und Morinaga? In der Schule habt ihr euch doch immer gut verstanden.

3b Papa ... Morinaga ist auch schwul.

4a Was?!

4b Wenn ich's mir recht überlege, waren alle Jungs in meiner Klasse schwul.

34

1. Sprechblase 2b: Welche Beziehung besteht zwischen den beiden Sätzen?

   Denk daran, dass es Satzendpartikeln und andere Partikeln mit bestimmten grammatikalischen Funktionen (Markierung des Subjekts, Objekts etc.) gibt.

体は大丈夫な	ので	帰ってもいいと。
[es geht mir gut]		[wir können nach Hause gehen]
	Konjunktion	

   Die Konjunktion drückt aus, dass hier ein Grund oder eine Ursache und eine daraus folgende Konsequenz vorliegen: »Da es mir gut geht, können wir nach Hause gehen.«

よく覚えてね

Na-Adjektive werden wie das Verb である konjugiert. Liegt aber eine Bildung des *na*-Typs + だ vor, dann wird (*da*) durch な ersetzt.

2. Achte auf den Text in 2a und 3b. Hier kommen die Wörter 一つ und 二つ vor.

   Es sind numerische Formen, die immer eingesetzt werden, wenn man kein Zählwort (siehe Zählwörter auf Seite 48) benutzen kann. In 2b kennzeichnet 二つ die Anzahl der guten Neuigkeiten und in 3b bedeutet もう一つ (*mô hitotsu*) »die andere«.

もう	一つ		もう一つは？
mô	*hitotsu*		*Mô hitotsu wa?*
[mehr, plus]	[eins]	→ »eine/r mehr«	[Wörtlich: »Noch eine?«]

数

Zahlen kann man auf zwei verschiedene Arten ausdrücken. Das häufiger benutzte System stammt aus dem Chinesischen, was wir bereits in Band 1 kurz behandelt haben. Das andere System ist Japanisch und geht nur bis zehn:

一つ	(ひとつ, *hitotsu*)	いち
二つ	(ふたつ, *futatsu*)	に
三つ	(みっつ, *mittsu*)	さん
四つ	(よっつ, *yottsu*)	し/よん
五つ	(いつつ, *itsutsu*)	ご
六つ	(むっつ, *muttsu*)	ろく
七つ	(ななつ, *nanatsu*)	しち
八つ	(やっつ, *yattsu*)	はち
九つ	(ここのつ, *kokonotsu*)	きゅう/く
十	(とお, *tô*)	じゅう

メモ

医者	Arzt / Doktor
ニュース	Nachrichten / Neuigkeiten
ひとつ	eins (numerisch)
独身	Junggeselle

ドイツ語

1a Papa! Was sagt der Arzt?

2a Er hatte zwei gute Nachrichten für mich.

2b Da es mir gut geht, können wir nach Hause gehen.

3a Primaaaaaaa!

3b Und die andere gute Nachricht?

4a Er sagt, er ist noch Junggeselle.

4b ...

LESEN!

1. Achte auf die Partikeln, die Konnektoren, die Adjektive und die Verben im 4-Panel-Strip.

精一！仕事先から電話があったわよ！昨日、行かなかったの？

ティッシュを配るの面倒くさい。我慢できないよ。

それにいそがしかった。

いそがしかった？　何もしてなかった　じゃない！

やったよ！ドラゴンとたたか;戦ったり、魔法の宝石を**集めたり**、

を**唱えたり**してた。

2. Achte auf den Gebrauch der Verben, die vor Konjunktionen der Aufzählung stehen.

- 戦ったり
- 集まったり
- 唱えたり

Die Konjunktion たり (*-tari*) wird ans Ende angefügt, sodass die Verben wie eine Aufzählung einzelner Handlungen erscheinen. Die Zeit des Verbs markiert してた – Verb する (*suru*) – das mit der *tari*-Form verknüpft wird. Häufig findet man aber auch Sätze, in denen das Verb する weggelassen wurde.

メモ

仕事先	Arbeitsplatz / Arbeitsstelle
ティッシュ	Papiertaschentücher
配る	verteilen
面倒くさい	lästig
我慢	Duldsamkeit / Toleranz
魔法の宝石	magische Edelsteine
集める	sammeln / zusammenbringen
術を唱る	einen Zauberspruch aufsagen / zaubern

ドイツ語

1a Mein Sohn! Man hat mich von deiner Arbeit aus angerufen und mir gesagt, dass du dort gestern nicht erschienen bist.

2a Taschentücher verteilen ist doof. Ich ertrage die ganzen Leute einfach nicht.

3a Außerdem war ich gerade beschäftigt.

3b Beschäftigt? Du hast doch gestern überhaupt nichts gemacht.

4a Von wegen! Ich hab gegen Drachen gekämpft, magische Edelsteine gesammelt, Zaubersprüche aufgesagt ...

4b Ohhhhhh ...!

4. Zeitliche Konjunktionen

Auf die Wörter とき (*toki*, 時) und ころ (*koro*, 頃) wird im Japanischen oft zurückgegriffen, um Sätze zeitlich miteinander zu verbinden.

子供のころ漫画家になりたかった。

Kodomo no ***koro*** *mangaka ni naritakatta.*

Bereits als Kind wollte er Mangaka werden.

ゲームをやるとき、必ずめがねをします。

Gêmu o yaru ***toki****, kanarazu megane o shimasu.*

Immer wenn ich an der Konsole spiele, muss ich meine Brille tragen.

Wenn das Verb, das vor とき steht, in der Vergangenheitsform benutzt wird, dann ist die erwähnte **Handlung bereits geschehen.** Es gibt zwei Möglichkeiten:

ゲームをやったとき、目が痛くなる。

Gêmu o yatta ***toki****, me ga itaku naru.*

Nach dem Spielen an der Konsole brennen mir die Augen.

原宿へ行ったとき、新しいドレスを見せます。

Harajuku e itta ***toki****, atarashii doresu o misemasu.*

Wenn wir in Harajuku sind, zeige ich dir das neue Kleid.

Die kausale Bedeutung der Konjunktion から kennst du bereits. Zusammen mit der *te*-Form kann sie auch Sätze in eine **zeitliche Beziehung** zueinandersetzen.

Verb *te*- + から = »nach dem Verb«

朝ごはんを食べてから、大学へ行きます。

Asa gohan o tabete ***kara****, daigaku e ikimasu.*

Nach dem Frühstück gehe ich zur Universität.

Verb + ながら = »während Verb«

お茶を飲みながら、ゆっくり話しましょう。

*Ocha o nomi****nagara****, yukkuri hanashimashô.*

Während wir Tee trinken, plaudern wir gemütlich.

Wie liest man das?
– *Bangohan o tabete kara, seppuku da.*
– *Suterareta rashii.*

Was bedeutet das?
– Nach dem Essen werde ich Selbstmord begehen.
– Jemand hat ihm einen Korb gegeben.

1. Achte auf die Konnektoren!

In diesem 4-Panel-Strip tauchen lediglich けど in adversativer (entgegensetzender) Funktion und から als Grund auf. Finde sie und sieh dir den Zusammenhang der Sätze genau an, damit du die Dialoge richtig übersetzen kannst.

2. Achte auf den Text in 3b. Wiederhole alle Elemente, um die Satzstruktur zu verstehen.

こんなに	やさしい	おとこ	を	断って	どうする	んだ、	はるかぁ。
[so (sehr)]	[liebenswert, freundlich]	[Mann]		konjunktive *te*-Form	[was tun]	の + だ	

Wie wir どうする entnehmen können, drückt dieser Satz eine Frage mit dem Interrogativ どう aus, auch ohne dass die Fragepartikel か vorhanden ist. In dem hier vorliegenden Fall ist Harukas Vater sauer und die Betonung weist hier auf eine **Zurechtweisung**, nicht auf eine Frage hin.

Hast du bemerkt, dass das letzte A klein geschrieben ist? Daran können wir erkennen, dass Harukas Vater die Silbe beim Sprechen verlängert.

3. Achte auf den Text in 4a.

- すてられた → Es handelt sich hier um eine Verbform, die wir bisher noch nicht behandelt haben – das **Passiv**. Wörtlich bedeutet es »ausgeschlossen werden« (von jemandem).

メモ

亡くなる	sterben
断る	ablehnen
捨る	wegwerfen / verzichten

37

ドイツ語

1a Es tut mir sehr leid, aber Sie sind nicht mein Typ.

1b Wissen Sie, warum mein Vater so besorgt um mich ist?

2a Weil meine Mutter starb, als ich noch ganz klein war.

2b Er hat Angst, ihm könne etwas passieren und ich würde allein zurückbleiben.

3a Schnüff! Schnüff!

3b Wie kannst du nur jemanden zurückweisen, der so sensibel ist?

4a Ich hab zum ersten Mal einen Korb bekommen! Was für eine Demütigung!

4b ...

1. Achte auf den Gebrauch der Form *-te* + から in dem vorliegenden 4-Panel-Strip.

● 布団に入ってから → nach dem Hinlegen

2. Achte auf den Text in 4b.

Hier steht けど. Es zeigt entweder an, dass jetzt eine Antwort erwartet wird oder dass der Sprecher gleich selbst noch weiterreden wird. Wenn ein solches Satzende erscheint, spricht der Zuhörer nicht eher, bevor ihm nicht signalisiert wird, dass er nun »dran ist«. Wie man im 4-Panel-Strip sieht, spricht Haruka hier anschließend noch weiter.

メモ

確か	gewiss / sicher / richtig
惚れる	sich verlieben / sich vergucken
先日	vor Kurzem
出会った	begegnen / treffen
布団	Futon
ラブストーリー	Liebesgeschichte
先ほど	vorher / bevor / gerade
酒井	Sakai (Familienname)
救急車	Ambulanz / Notarzt
夜中	Mitternacht / mitten in der Nacht

ドイツ語

1a Hör mal, bist du dir mit Aikawa ganz sicher ...?

1b Total sicher. Er ist in Seiichi verliebt.

2a Seiichi?

2b Ein ganz netter Junge, den wir vor ein paar Monaten kennengelernt haben.

3a Sieh mal, ich habe ihre Liebesgeschichte in meinem letzten Dôjinshi gezeichnet.

3b Ich werde es vor dem Schlafengehen lesen.

4a Um Mitternacht ...

4b Ähm ... Hier ist wieder Familie Sakai. Wir bräuchten schon wieder einen Notarzt!

38

1. Achte auf den Satz in 1a!

Hier erscheint eine Verbalphrase, die aus Verb + ながら gebildet wird. Sie weist darauf hin, dass sich hier zwei Handlungen überschneiden.

In diesem Fall sind die **Handlungen** »warten, während man einen Kaffee trinkt«. Die Haupthandlung ist hier das Warten, in dessen Verlauf sich die zweite Handlung – das Kaffeetrinken – ereignet.

2. Achte auf Panel 2. Der Text ist sehr einfach.

- ホレた → informelle Vergangenheit (ホレる)
- 俺に → Personalpronomen 1. Person Singular + Partikel der Richtung

Dieser kurze Dialog zeigt uns, dass das Verb 惚れる (*horeru*) mit der Partikel に benutzt wird. Das heißt, »sich in XY verlieben« ist Xに惚れる.

Erinnere dich daran, dass im letzten 4-Panel-Strip dasselbe Verb in Kanji vorkam. Hier wird es nun mit Katakana und Hiragana-Endung (die die Zeit anzeigt) geschrieben. Auf den Gebrauch der Katakana sind wir ja bereits in Band 1 eingegangen. Hier dienen sie dazu, das **Verb zu betonen**.

メモ

ホレる sich verlieben

ドイツ語

1a Ich werde einen Kaffee trinken, während ich auf dich warte.

1b Boooh!

2a Ich hab mich gerade verliebt!

2b In m... mich?

3a Oooohhh!

3b A... Aber ich ...

4a Das ist der Wahnsinn!

1 Gibt es im Japanischen keine Zukunft?

Alle Verbformen, die nicht in der Vergangenheitsform stehen, werden benutzt, um **Gegenwart** und auch zukünftige Handlungen auszudrücken. Wenn der Text in der ersten Person steht, dann drücken alle Formen, die nicht in der Vergangenheit stehen, zudem eine Intention oder Absicht aus.

Außer den Verben gibt es noch weitere Elemente, die den Zukunftsaspekt ausdrücken können. Auf Japanisch ist das mehr oder weniger alles, was »noch nicht vergangen« ist: temporale Adverbien wie **heute** (きょう, *kyô* bzw. 今日 in Kanji) und **morgen** (あした, *ashita* bzw. 明日 in Kanji), Hilfsverben wie でしょう (*deshô*) und だろう (*darô*), die wir in den vorangegangenen 4-Panel-Strips schon oft gesehen haben, sowie einige ergänzende Ausdrücke, die eine Absicht oder eine Intention angeben, wie つもりです (*tsumori desu* siehe vorangegangener Abschnitt) und 予定です (*yotei desu*).

Wie liest man das? *Ashita atarashii suketchibukku o kau.*
Was bedeutet das? Morgen kaufe ich mir ein neues Skizzenheft.

LESEN!

1. Vergleiche die Verben in den Sprechblasen 1b und 2a!

Hier handelt es sich um die Wurzel ein und desselben Verbs. Je nachdem, ob das Verb transitiv oder intransitiv ist, wird sie entsprechend abgeleitet.

- 起きた → 起きる aufwachen / wach werden
- 起こした → 起こす (jemanden) wecken

2. Achte auf das, was Seiichi nach dem Gruß (1a) sagt!

- おまたせ → お + 待つ (～せる)

Dies ist eine Höflichkeitsphrase, die die Japaner benutzen, wenn jemand auf einen wartet. Wörtlich übersetzt bedeutet der Satz: »Ich habe dich warten lassen.« Wenn man tatsächlich mal zu spät zu einem Treffen oder einer Verabredung kommt, fügt man noch eine Entschuldigung hinzu.

In diesem Fall handelt es sich um die informelle, »kurze Version«. Ihr voran steht das ehrenvolle Präfix お *(o)*. Die Form, in der das Verb steht, ist der Kausativ, den wir später behandeln werden.

メモ

おまたせ	warten lassen (Redewendung)
やっと	endlich
起きる	aufwachen / aufstehen
起こす	jemanden wecken

40

ドイツ語

1a Hallo, da bin ich.

1b Na, dann bist du ja endlich aufgewacht.

2a Na ja ... Du hast mich geweckt, als du angerufen hast.

2b Tut mir leid.

2c Du hast um vier noch geschlafen?

3a Ich bin eben gestern sehr spät ins Bett gegangen.

3b Weil du mal wieder gedaddelt hast, stimmt's?

4a Woher weiß du das?

4b Ach, nur so ...

2 Transitive und intransitive Verben

Auf Japanisch ist es ganz normal, die Dinge so zu beschreiben, als geschähen sie von allein (intransitive Verben). Anstelle von: »Die Bibliothek wird um 9 Uhr geöffnet«, sagt man: »Die Bibliothek macht um 9 Uhr auf.«

Transitive Verben werden mit einem Akkusativobjekt gebildet, intransitive dagegen nicht. Du erkennst sie an der Partikel を. Bei den intransitiven geht die Handlung NICHT auf ein Objekt über, sondern verbleibt beim Subjekt (Agens) wie zum Beispiel: gehen, schlafen, scheinen oder regnen. Sie tragen kein Akkusativobjekt. Sie werden von der Partikel が markiert.

Was werden wir im Manga finden?

– Intransitive Verben:

- 死ぬ (しぬ) sterben
- 泣く (なく) weinen
- 歩く (あるく) gehen

– »Zwillingsverben« – Verben mit demselben Stamm, die sich jedoch verändern, je nachdem, ob sie transitiv oder intransitiv sind (siehe hierzu die Tabelle auf S. 119):

- 起こす (おこす) wecken (jemanden)
- 起きる (おきる) aufwachen (selbst)

–Transitive Verben:

- 食べる （たべる） essen
- 殺す （ころす） töten

–Verben, die sowohl transitiv als auch intransitiv benutzt werden können:

- 開く（ひらく） öffnen oder sich öffnen / aufgehen
- 閉じる（とじる） etwas schließen oder zugehen

Wie liest man das?
Hai, doa ga shimarimasu.

Was bedeutet das?
Die Türen werden geschlossen.

3 Zwillingsverben

Zwillingsverben verändern sich, je nachdem, ob sie transitiv oder intransitiv benutzt werden. Es sind Verbpaare, die jeweils aus demselben Stamm und einem variablen Teil bestehen. In dem 1-Panel-Strip auf der vorherigen Seite benutzt der Schaffner ein Verb in der intransitiven Form. Er könnte sagen: ドアを閉めます (*Doa o shimemasu*): »Ich schließe die Tür.« Aber er sagt: ドアが閉まります (*Doa ga shimarimasu*): »Die Türen schließen sich. / Die Türen werden geschlossen.« Das Verb 閉める (*shimeru*) hat einen »Zwilling«, nämlich 閉まる (*shimaru*). Je nach Bedeutung wird nur die Verbendung verändert.

他動詞
(**transitiv,** erlaubt direkte Objekte mit を)
他 **jemand**, jemand anderes, fremdes
動 Bewegung
詞 Vokabel

Wort, das eine fremde Handlung beschreibt.

自動詞
(**intransitiv** oder **pronominal,** erlaubt kein direktes Objekt und wird mit が gebildet)
自 **selbst**, jemand selbst
動 Bewegung
詞 Vokabel

Wort, das eine Handlung beschreibt, die man selbst ausführt (pronominal).

Veränderung der Endung	Transitiv	*intransitiv*
-u / -aru	ふさぐ (*fusagu*) etwas bedecken	ふさがる (*fusagaru*) sich bedecken
-eru / -aru	見つける (*mitsukeru*) jemanden treffen	見つかる (*mitsukaru*) sich treffen, finden
-eru / -u	開ける (*akeru*) öffnen	開く (*aku*) sich öffnen, aufgehen
-su / -ru	直す (*naosu*) etwas korrigieren	直る (*naoru*) sich korrigieren
-osu / -iru	起こす (*okosu*) jemanden wecken	起きる (*okiru*) aufwachen
-asu / -eru	さます (*samasu*) kalt werden	さめる (*sameru*) sich erkälten
-asu / -iru	閉ざす (*tozasu*) etwas schließen	閉じる (*tojiru*) sich schließen, zugehen
-asu / -u	乾かす (*kawakasu*) etwas trocknen	乾く (*kawaku*) sich trocknen, trocken werden
-esu / -ieru	消す (*kesu*) etwas löschen	消える (*kieru*) sich löschen

Eine »Reaktion« beschreiben

Es gibt noch andere Verbformen, die man benutzen kann, wenn der Agens einer Handlung nicht bekannt ist oder nicht benannt wird. Obwohl das Subjekt nicht markiert ist, werden diese Konstruktionen mit der Partikel が gebildet, was beim Lesen vielleicht Verwirrung stiften kann.

Du findest sie oft, wenn von folgenden Themen die Rede ist:

– Naturphänomene

雨が降っている
Ame ga futte iru.
Es regnet.

– Sinneswahrnehmung

いいにおいがする
Ii nioi ga suru.
Es duftet. / Es riecht gut.

– Gefühle

あの人が好きだ
Ano hito ga suki da.
Er / Sie gefällt mir.

– Spontane Ereignisse

山が見える
Yama ga mieru.
Man sieht den Berg.

– Physische Zustände

関が出る *Seki ga deru.*
Ich huste. [Wörtlich: »Es kommt Husten heraus.«]

– Anderes

日本語が分かります
Nihongo ga wakarimasu.
Ich verstehe Japanisch. [Wörtlich: »Japanisch lässt sich verstehen.«]

メモ

Tシャツ	Hemd / T-Shirt
配る	verteilen
首になる	entlassen werden / gefeuert werden
見つかる	gefunden werden / entdeckt werden
見つける	finden

In diesem 4-Panel-Strip kommt eines der »Zwillingsverben« vor. Vergleiche 見つかる und 見つける. Der Gebrauch von 見つかる dient dazu, die Aufmerksamkeit auf das Element 新しいバイト zu lenken, das hier in der intransitiven Form steht. Im Fall von 見つける haben wir einen Hinweis darauf, dass es transitiv ist: die Partikel des direkten Objekts を.

ドイツ語

1a Hi hi, dieses Shirt passt ja total gut hierher.

1b Alle Kellner tragen *Fantasy-Quest*-Kostüme.

2a Boohhh! Stimmt!

3a Beim Taschentücher verkaufen wurdest du rausgeschmissen, oder? Hast du schon einen neuen Job?

3b ...

4a Der Job hat mich gefunden!

4b Bitte, ich muss hier arbeiten!

4 Geben und Nehmen

In den nächsten 4-Panel-Strips werden wir die Verben des Gebens und Nehmens kennenlernen, die für das Verständnis der Beziehung der Gesprächspartner untereinander sehr wichtig sind.

くれる	あげる	もらう	いただく

Und alle bedeuten geben und nehmen?
くれる (*kureru*) bedeutet, dass **man selbst etwas bekommt**
あげる (*ageru*) bedeutet, dass **jemand etwas gibt**
もらう (*morau*) bedeutet, dass **jemand etwas bekommt**
いただく (*itadaku*) bedeutet, dass **man selbst etwas erhält** (mit Bescheidenheit).

Je nachdem, welches Verb benutzt wird, kann man erkennen, ob der Sprecher den anderen Gesprächsteilnehmer als nahe stehend, als seinesgleichen oder als höher stehend betrachtet. Ob die Beziehung eher freundschaftlich oder vielmehr distanziert ist. Anhand dieser Verben kannst du viele nützliche Hinweise für die richtige Übersetzung des Textes finden.

あげる, もらう und くれる als Hilfsverben

- *-temorau* てもらう
- *-teageru* てあげる
- *-tekureru* てくれる

Es ist ganz einfach, diese Verbstrukturen zu erkennen. Sie werden benutzt, um anzuzeigen, dass jemandem ein Gefallen getan wird. Sie können aus einem beliebigen Verb in der *te*-Form und den entsprechenden Formen des Verbs geben oder nehmen gebildet werden.

In den folgenden 4-Panel-Strips wirst du diese und andere bisher gelernte Formen wiederfinden. Präge sie dir gut ein und versuche, sie zu erkennen.

5 Etwas tun können!

In den nächsten 4-Panel-Strips wirst du Formen wie diese hier finden.

絵を描くことができますか。

E o kaku ***koto ga dekimasu*** *ka.*
Kannst du zeichnen?

日本語が読めます。

Nihongo ga ***yomemasu****.*
Ich kann Japanisch lesen.

運転ができますか。

Unten ga ***dekimasu*** *ka.*
Kannst du fahren?

Mit diesen Konstruktionen wird die theoretische oder tatsächliche Fähigkeit ausgedrückt, etwas tun zu können. Es gibt verschiedene Möglichkeiten, zu sagen, dass wir in der Lage sind, etwas Bestimmtes zu tun.

(1) der Ausdruck ことができる (*koto ga dekiru*)
(2) Die Potenzialform

Die Potenzialform wird gebildet, indem man die **Infinitiv-Endung** eines Verbs durch die Potenzialform **ersetzt**.

– vokalische Verben: 〜る (*-ru*) wird durch 〜られる (*-rareru*) oder 〜れる (*-reru*) ersetzt

食べる　食べ~~る~~　食べられる

– konsonantische Verben: -u wird durch -eru ersetzt

買う　買~~う~~　買える

– unregelmäßige Verben *-koreru, dekiru*

来る　来れる

する　できる　[出来る]

注意!

Einige Verben in der Potenzialform benutzt man auch zur Bildung des Passivs (doch dazu mehr in Band 3).

LESEN!

1. Achte auf das Verb in Panel 1!

Hier wird くれる dafür benutzt, ein Gespräch oder eine Handlung zwischen Personen gleicher sozialen Stellung zu beschreiben. Haruka spricht von ihrer Cousine, einem Mitglied der Familie, also aus ihrem vertrauten Umfeld. Hätte ihr stattdessen ein Lehrer ein Geschenk gemacht, würde sie das Verb くださる benutzen. Man setzt es immer dann ein, wenn der Geber sozial höhergestellt ist.

2. Achte auf das Verb in Panel 3!

はじめよっか = はじめようか

Das *K* der Fragepartikel か wurde verdoppelt, um eine bestimmte Intonation zu kennzeichnen. Dasselbe passiert auch bei Ausdrücken wie そうか（そっか).

くれる

Wozu dient das? So kann man auf Japanisch »man hat mir (etwas) gegeben« ausdrücken.
Es steht immer in der 1. Person.
Im 4-Panel-Strip steht: いとこが鉛筆とスケッチブックをくれた.

Andere Beispiele für dasselbe Verb:

くださる (*kudasaru*) Der Lehrer schenkt Seiichi einen Aikidô-Anzug.
先生が合気道着をくださった。 *Sensei ga aikidôgi o kudasatta.*

くれる (*kureru*) Haruka gibt Seiichi ein Bild und Seiichi sagt:
はるかちゃんが絵をくらた。 *Haruka-chan ga e o kureta.*

くれる (*kureru*) Seiichi gibt der Lehrerin ein Geschenk und sie sagt:
長岡君がゲームをくれました。 *Nagaoka-kun ga gêmu o kuremashita.*

メモ

いとこ	Cousine / Cousin
鉛筆	Bleistift
スケッチブック	Skizzenbuch
ようし	Super! / Lass uns hingehen!

42

ドイツ語

1a Meine Cousine hat mir einen Bleistift und ein Skizzenbuch geschenkt.

2a Ich werde euch alle zeichnen, okay?

3a Gut ...

4a Zuerst das Pärchen ...

LESEN!

1. Achte auf Panel 1!

Wie du siehst, wird hier das Verb もらう benutzt. Es beschreibt, wenn jemand einen Gegenstand von einer anderen Person bekommt. Wenn sich der Empfänger in einer sozial niedrigeren Position befindet, benutzt man いただく (*itadaku*) anstelle von もらう. Das wäre zum Beispiel der Fall, wenn einer von Keis Lehrern die Karte überbringen würde.

もらう

Wozu dient das? Auf Japanisch kann man mit diesem Verb »jemand hat mir (etwas) gegeben« oder »jemand hat [einer anderen Person etwas] gegeben« ausdrücken.
Im 4-Panel-Strip steht: ファンクラブ長に手紙をもらった?

Andere Beispiele sind folgende:

いただく (*itadaku*) Seiichi nimmt ein Geschenk (von) der Lehrerin an und sagt:
合気道着をいただきました。 *Aikidôgi o itadakimashita.*
»Ich habe einen Aikidô-Anzug bekommen.«
(Da er いただく benutzt, wissen wir, dass ihm jemand Höhergestelltes etwas gegeben hat.)

もらう (*morau*) Seiichi nimmt eine Zeichnung von Haruka an und sagt:
絵をもらった。 *E o moratta.*
»Ich habe eine Zeichnung bekommen.«
(Da er もらう benutzt, wissen wir, dass ihm jemand Gleichgestelltes etwas gegeben hat.)

注意!

もらう (*morau*) kann die 1. Person markieren oder auch nicht.
はるかちゃんに絵をもらった。

先生がはるかちゃんから絵をもらった。
Die Lehrerin hat eine Zeichnung von Haruka bekommen.

僕がはるかちゃんから絵をもらった。
Ich habe eine Zeichnung von Haruka bekommen.

メモ

解散	Auflösung / Beendigung
さぁ	(Redewendung, Ausdruck) keine Ahnung / ich weiß es nicht
廊下	Flur
泣き出して	in Tränen ausbrechen
悔しい	bedauerlich / bedauernswert

43

ドイツ語

1a Die Präsidentin meines Fanklubs hat mir diesen Brief gegeben.

1b Und was schreibt sie?

2a Dass sie den Klub auflösen.

2b Warum?

3a Keine Ahnung ... Jedes Mal, wenn ich sie an der Universität treffe, gucken sie mich an ...

4a ... fangen an zu heulen und rufen: »Wie schade, wie schade!«

4b Ha ha! Sachen gibt's ...

1. Achte auf die erste Sprechblase!

Hier steht der Ausdruck: 説明してくらた. Er bedeutet »jemanden den Gefallen tun, (etwas) zu erklären« und steht in der Vergangenheit. Der Ausdruck steht hier jedoch vor dem Substantiv ドレス. Die wörtliche Übersetzung müsste daher in etwa lauten: »Das Kleid, das du mir den Gefallen getan hast, es zu beschreiben«, oder einfacher ausgedrückt: »Das Kleid, das du mir so nett beschrieben hast.«

Im 4-Panel-Strip findest du die Übersetzung dieses Satzes in verständlicherem Deutsch. Auf Japanisch beschreibt man mit diesen Redwendungen Handlungen, die jemand für jemand anderen macht.

2. Achte auf die zweite Sprechblase!

Das Verb deutet in diesem Satz darauf hin, dass der Sprecher einer Person derselben sozialen Stellung etwas gibt.

メモ

説明して	erklären
姿	Aussehen / Anschein / Figur
人生	Leben
第二	der / die / das zweite
目的	Ziel

44

ドイツ語

1a Sieh mal, Mayu! Ich hab dich in diesem tollen Kleid gemalt, das du mir beschrieben hattest.

1b Ich gebe dir das Bild.

2a Danke. Es ist einfach so toll! Seit ich es das erste Mal gesehen habe, wünsche ich es mir am allermeisten.

2b Na ja ... etwas anderes wünsche ich mir aber noch mehr!

LESEN!

1. Sieh dir die erste Sprechblase an!

Sie entspricht der ersten Sprechblase im 4-Panel-Strip Nr. 43, nur dass hier das Verb いただく benutzt wird. In diesem Fall sind es die Lehrerinnen, die Kei einen Brief geben.

よく覚えてね

Wiederholen wir kurz:

– »Man hat mir gegeben ...« → Wichtig ist, dass **jemand dir** etwas **gegeben** hat:

下さる · くれる
kudasaru · kureru

– »Ich oder jemand anders habe oder hat jemandem etwas gegeben.« → Wichtig ist, dass ich oder **jemand anderes jemandem etwas gegeben habe oder hat**:

差し上げる · あげる · やる
sashiageru · ageru · yaru

– »Ich habe ... bekommen.« → Wichtig ist, dass du (oder jemand anderes) **etwas** von jemandem **bekommen hast** oder **hat**:

いただく · もらう
itadaku · morau

メモ

先生版	Ausgabe für Lehrer
夢中	hingerissen / begeistert
博士だ	Crack (umgspr. Koryphäe) / Doktor (akad. Grad)

注意!

博士だ bedeutet: »Er ist ein Crack!«, auch wenn es hier im 4-Panel-Strip ohne だ steht. 博士 bedeutet eigentlich »Doktor« (Doktor der Physik, Doktor der Geschichte etc.), wird hier aber im **übertragenen Sinn** gebraucht.

ドイツ語

1a Von meinen Lehrerinnen habe ich auch einen Brief gekriegt.

2a Und was steht drin? Lösen die auch einen Fanklub auf?

4a Ja, den »Klub der Lehrerinnen, die von Aikawa träumen«. Woher weißt du das?

4b ...

4c Diese Kurotani ist ein echter Crack!

LESEN!

1. Achte auf die Form mit いただく (*itadaku*) in Panel 3.

[僕用のコスプレを]　作っていただいた

Sie wird aus den folgenden Elementen gebildet:

作る → ～て 作って	+	いただく → いた いただいた
Verb in *te*-Form		Verb in informeller Vergangenheit

作っていただいた

Seiichi erzählt, dass jemand etwas für ihn getan hat: »[ein Kostüm] nähen«.

Da er sich in seinem Arbeitsumfeld befindet und sich auf die Firma, bei der er angestellt ist, bezieht, benutzt er das Verb in der Respektsform (in der sich der Sprecher demütig und bescheiden gibt): いただく(*itadaku*).

2. Achte auf die Bemerkung, die Nuki Nuki ganz am Schluss macht!

美しいのう

Dieser Ausdruck wird mit einem *i*-Adjektiv und einer Satzendpartikel gebildet. Das *U* am Ende verlängert die Silbe und lässt den Kommentar lustiger klingen.

Verstehst du jetzt, warum die Japaner beim Essen immer いただきます sagen, wenn sie am Tisch sitzen?

Wie liest man das?
Itadakaimaaasu.

Was bedeutet das?
Guten Appetit!

メモ

僕用 zum eigenen Gebrauch

46

ドイツ語

1a Stimmt es, dass Nagaoka hier arbeiten will?

2a Warum nicht? Ist doch super!

2b Ich glaub ja nicht, dass sie viel bezahlen, aber ...

3a Seht her, Leute. Man hat mir ein Kostüm maßgeschneidert.

4a Was meint ihr?

4b Es ist ... wunderhübsch!!

1. Achte auf den Text in 3a!

Wie im 4-Panel-Strip Nr. 46 kommt auch hier ein Ausdruck vor, der anzeigt, dass jemand dem Sprecher (ich) etwas gegeben hat.

[本物のヌキヌキが]	助けて	くれた んだ
der Ausführende der Handlung	Handlung	Form von gleich zu gleich

血液型

Welche **Blutgruppe** hast du?

きみは何型ですか。
*Kimi wa nani **gata** desu ka.*

Für die Japaner sagt die Blutgruppe 血液型 (*ketsuekigata*) genauso viel oder noch mehr über den Charakter einer Person aus wie die Sternzeichen. Es ist ganz normal, dass man sich nicht nach dem Sternzeichen fragt, sondern eher wissen will, welche Blutgruppe man hat.

In Japan gelten Menschen mit der Blutgruppe A (A型) als sehr sozial und offen. Sie sind Perfektionisten und sehr umsichtig. Außerdem sagt man, dass sie aufgrund ihres nervösen Charakters von eher schlankem Körperbau sind.

Menschen mit der Blutgruppe B (B型) sind fröhlich und enthusiastisch, aber auch ein wenig rebellisch. Sie mögen es nicht, wenn man ihnen Regeln auferlegt. Sie gehen ihren eigenen Weg und sind oft künstlerisch veranlagt.

Menschen mit der Blutgruppe 0 (0型) schließlich zeichnen sich durch ihre Führungsqualitäten, einen besonderen Sinn für Freundschaft und große Willensstärke aus. Da sie eine ausgeprägte Persönlichkeit haben, sind sie Kämpfernaturen, können aber leider auch ein bisschen autoritär oder kurz angebunden sein. Viele Lehrer haben die Blutgruppe 0.

Die Menschen der Blutgruppe AB sind sehr ruhig und objektiv. Sie können kalt und distanziert sein und sagen normalerweise ganz direkt, was sie denken.

メモ

魔法たぬき	der magische Waschbär
幸運にも	durch Glück / glücklicherweise
性格	Charakter
本物	echt

ドイツ語

1a Als was gehst du denn?

1b Als Nuki Nuki.

2a Ach ja, dieses Vieh.

2b Der magische Waschbär ist die Hauptfigur der *Fantasy-Quest-Saga!*

3a Zum Glück konnte ich mich perfekt in die Haut dieser Figur einfühlen.

4a Der echte Nui Nuki hat mir dabei geholfen.

4b Der ... echte Nuki Nuki?

4c Frag nicht ...!

47

1. Achte auf den Text in 2a!

Da in der hier verwendeten Form das Verb あげる (*ageru*) schon mit eingeschlossen ist, wissen wir, dass die Handlung zwischen Personen desselben sozialen Rangs stattgefunden hat.

[キノコちゃんに]	ヒールの呪文をかけて	あげた
der Empfänger der Handlung	die Handlung	Form von gleich zu gleich

2. Achte auf den Text in 4b!

引っ掻いちゃだめ

Diese Struktur ist schon früher vorgekommen. Untersuchen wir, wie sie gebildet wird:

引っ掻いて	は	だめ
hikkaite	***wa***	*dame*
Verb in *te*-Form	Partikel	

Diese Form weist darauf hin, dass eine Handlung (Verb) nicht ausgeführt werden kann, verboten ist, oder dass es verpönt ist, so etwas zu tun.

あげる

Wozu dient das? Auf Japanisch kann man so »ich habe (jemandem etwas) gegeben« ausdrücken.
Im 4-Panel-Strip steht: フキノコちゃんにHeal術を唱えてあげた。

Andere Beispiele für dasselbe Verb:

さしあげる (*sashiageru*) → Haruka zur Lehrerin:
絵をさしあげます。 *E o sashiagemasu.*
»Ich schenke Ihnen eine Zeichnung.«

あげる (*ageru*) → Haruka zu Seiichi:
絵をあげるね。 *E o ageru ne.*
»Ich gebe dir eine Zeichnung.«

やる (*yaru*) → Lehrer zu Seiichi:
合気道着をやるわ。 *Aikidôgi o yaru wa.*
»Ich schenke dir einen Aikido-Anzug.«

メモ

剣	Schwert
呼び出す	rufen
ヒールの呪文	Heilungszauber / Zauberspruch zur Heilung
かける	werfen
役	Rolle (Theater, Film)
ピッタリ	genau passen / genau richtig sein
引っ掻く	sich kratzen

48

ドイツ語

1a Großer Tan Tan, mit meinem Schwert rufe ich dich an!

2a Gestern hab ich meinen Gefährten Setita gesund gezaubert.

3a Sehr gut. Ich sehe, dass du prima in die Rolle passt.

4a Es ist aber unnötig, dass du alle Eigenheiten der Figur übernimmst ...

4b Was ist denn schlimm daran, sich zu kratzen?

LESEN!

1. In diesem 4-Panel-Strip finden wir verschiedene Potenzialformen. Sieh sie dir genau an!

魔法トマトを演じることは**出来ますか**。

ロボットゾウを演じることが**出来ますか**。

Beide Formen sind Varianten von [Verb + できる], der Formel zur Nominalisierung des Verbs できる (können), mit dessen Hilfe man ausdrückt, dass man in der Lage ist oder die Fähigkeit hat, etwas zu tun.

メモ

才能	Talent
ウエイター	Kellner / Kellnerin
演技	Schauspiel / Aufführung
魔法	Zauber
トマト	Tomate
演じる	schauspielern / eine Rolle spielen
恐ろしい	schrecklich / furchterregend
ロボット	Roboter
ゾウ	Elefant
合格	bestanden

49

ドイツ語

1a In diesem Café brauchen wir kreative Leute.

1b Die Kellner servieren hier nicht nur den Kaffee, sondern sie schauspielern auch!

2a Kannst du die magische Tomate machen?

3a Kannst du Nuki Nukis Gegner, den Elefantenroboter machen?

4a Alles klar! Der Job gehört dir!

50

メモ

配る	verteilen
コントローラー	Controller

Achtung mit dem Verb in der **Potenzialform:** 配れます!
Denke an den Gebrauch der *te*-Form + みる: »versuchen, etwas zu tun«, wobei »etwas« dem Verb in *te*-Form entspricht.

ドイツ語

1a Könntest du die Getränke mit diesem Tablett verteilen?

2a Mal sehen ...

4a Wo ist denn der Controller?

メモ

名刺	Visitenkarte
サイズ	Kleidergröße
書き込む	ausfüllen / einschreiben
再開	Sanierung / Wiedereröffnung
関わる	zu tun haben mit / betreffen

Weißt du, wo das Verb in der **Potenzialform** steht? Wenn du es noch nicht gefunden hast, lies zunächst die Übersetzung und überlege dann noch einmal.
Potenzialform: können, in der Lage sein, etwas zu tun, fähig sein ...

Brauchst du noch mehr Tipps?

ドイツ語

1a Ich hab's! Ich kann mir Visitenkarten machen lassen. Mit einem Bild von mir und meiner Größe drauf ...

1b Hä?

2a Wenn ich die überall verteile, werde ich wieder einen Fanklub haben. Kannst du mich noch hübscher zeichnen?

3a Na klar! Ich versuch's gleich mal. Rück doch noch näher an Seiichi heran.

3b Hey!

4a Die erlauben mir nicht, mich zu kratzen.

4b Ich frage mich, was ich mit denen zu tun hab ...?!

1. Lies den gesamten 4-Panel-Strip. Such die Verben und Adjektive. Siehst du, wie gut du schon alles verstehst?

Adjektive:

- かわいい *kawaii*
- 親しい *shitashii*

Denk daran, dass im Japanischen **Superlative** mit 一番 (*ichiban*) + Adjektiv gebildet werden: »der größte, am größten …«

Verben:

- In 1a wurde das Verb weggelassen. Weißt du welches?
- In 2a finden wir *da*, aber auch hier wurde ein Verb ausgelassen. Weißt du welches?
- In 3a wurden sowohl das Verb als auch die Fragepartikel getilgt. Wie du ja aber weißt, kann man bei Fragen in einem Gespräch seine Tonlage so verändern, dass es sich von selbst versteht, dass hier eine Frage gestellt wird.
- In 4a findest du dasselbe Verb in zwei unterschiedlichen Konjugationsformen. Das Verb 立つ (*tatsu*) bedeutet »stehen«. Welcher Konjugation entspricht es?

立てる	stehen können (立つ) →	立てます	ich stehe (ich bin stehend)

Hier handelt es sich um die **Potenzialform** im Präsens.

メモ

親しい	lieb / teuer / geliebt
友人	Freund

52

ドイツ語

1a Was für eine niedliche Figur!

2a Das ist Setita, Nuki Nukis bester Freund.

3a Der beste Freund ...?

4a Kannst du etwas näher an Nuki Nuki heranrücken?

4b K... Kann ich ...

LESEN!

1. Achte auf die folgenden Ausdrücke in 1b und 3b!

Du wirst eines der Geben- und Nehmen-Verben und eine Potenzialform finden.

- いい考えをくれた von gleich zu gleich, »du hast mir gegeben«
- だれかを演じられる können + Verb = aufführen können

2. Die Herausforderung:

(1) Such die Partikeln und die Verben!
(2) Such die Adjektive!
(3) Such die Pronomen und bekannte Ausdrücke!
(4) Versuch, den 4-Panel-Strip zu verstehen, ohne vorher die Übersetzung zu lesen.

メモ

むしろ	vielmehr / eher / oder besser
考え	Gedanke / Denken / Vorstellung

ドイツ語

1a Nuki Nuki. Du bist sauer auf mich, weil ich jetzt du bin, oder?

1b Nein. Eigentlich hast du mich vielmehr auf eine Idee gebracht ...

2a In Fantasialand gibt es auch Cosplay-Bars.

2b Stimmt! Die sind in *Fantasy Quest IV* vorgekommen.

3a Ich werde mir dort einen Job suchen.

3b Kannst du denn jemanden darstellen?

3c Na klar!

4a Dich.

4b Cool!

53

1 Und was sag ich jetzt?

Es gibt Ausdrücke, die bestimmte Handlungen begleiten, wie zum Beispiel Redewendungen, Begrüßungs-, Abschieds- oder Höflichkeitsfloskeln. Im Folgenden werden wir 4-Panel-Strips behandeln, in denen es um Ausdrücke geht, die das Geben und Nehmen von Gegenständen begleiten.

贈り物

Wenn wir schon vom Geben und Nehmen sowie vom **Schenken** reden ... Wusstet ihr, dass man in Japan Geschenke nicht sofort auspackt? Man muss erst die Person, die einem das Geschenk überreicht hat, um Erlaubnis fragen, ob man das Geschenk gleich öffnen darf.

Die Frage lautet: あけていい? (*akete ii*): »Darf ich es aufmachen?«

Wie du siehst, fällt hier ですか weg. Nur wenn die Situation etwas förmlicher ist, wird das Verb benutzt.

Förmlicher: 開けていいですか?
Noch förmlicher: 開けててよろしいでしょうか?

LESEN!

1. Lies das letzte Panel!

   Der Ausdruck つまらないものですが begleitet die Handlung des Beschenkens. Lies die Übersetzung, um die Bedeutung zu verstehen!

2. Achte auf den zweiten Satz in der Sprechblase 4a!

   Hier erscheint das Verb ば (*ba*) im Konditional:

喜んでく**れれば**うれしいですぅ

Wörtlich übersetzt würde es heißen: »Wenn du mir den Gefallen tätest, dich darüber zu freuen, wäre ich sehr froh.« Diese Konjugation werden wir im nächsten Band behandeln.

バレンダインデー

Worin ähneln sich der japanische Valentinstag und unserer? Darin, dass sie auf denselben Tag fallen, den 14. Februar. Darin, dass überall Süßigkeiten oder Pralinen in Herzform zu finden sind. Darin, dass man den geliebten Menschen beschenkt.

Worin unterscheiden sie sich? Nur die **Mädchen** schenken **dem Jungen, in den sie verliebt sind,** Schokolade oder etwas Selbstgemachtes wie einen Schal oder Handschuhe. Die Jungen können das Geschenk annehmen oder auch nicht. Im Grunde sind diese Geschenke eine Liebeserklärung. Es gibt aber auch »unverbindlichere« Geschenke zwischen Arbeitskollegen oder Freunden etc.
Wenn ein Junge das Geschenk annimmt, muss er sich am 14. März quasi revanchieren. Dabei muss es sich dann um weiße Schokolade oder ein anderes, meist eher teures Geschenk handeln. Auch die »unverbindlichen« Geschenke zwischen Arbeitskollegen müssen erwidert werden.

Kommt das auch im Manga vor? Andauernd! Szenen, in denen ein Mädchen für einen Jungen Pralinen vorbereitet oder dem Angebeteten einen Schal strickt, gibt es zuhauf. Unter den aktuellen Manga sticht besonders die Valentinstag-Episode in Band 4 der Serie ***xxxHolic*** hervor. Die solltest du nicht verpassen!

メモ

今年	dieses Jahr / in diesem Jahr
バレンタインデー	Valentinstag
セックスアピール	Sex-Appeal
嬢さん	Mädchen / junge Dame
喜ぶ	sich freuen / sich vergnügen

54

ドイツ語

1a Dieses Jahr hat mir nicht ein Mädchen was zum Valentinstag geschenkt.

2a Warum bloß? Ich hatte doch immer so viele Verehrerinnen!

2b Hey! Guck mal, Kei.

3a Pralinen! Juhu! Ich hab doch noch Sex-Appeal!

3b Welches hübsche junge Mädchen mag das gewesen sein?

4a Es ist nichts Besonderes, aber es ist für dich Aikawa. Ich hoffe, du freust dich!

LESEN!

1. Lies den 4-Panel-Strip und betrachte das erste Panel!

   Der Ausdruck 気を使っていただいてすみません begleitet hier die Handlung des Überreichens des Geschenkes. Wie du siehst, ist hier die Reihenfolge zwar umgekehrt, aber der Sinn ist trotzdem derselbe.

   Falls du dich wunderst, warum das Verb *itadaku* in der *te*-Form steht, dann lies noch einmal den vorangegangenen Abschnitt über die konjunktive *te*-Form in **Mangalesen leicht gemacht**.

2. Achte auf Panel 2!

   Hier steht das Verb あげたかった. Da es in der った (-*tta*) Form steht, wissen wir, dass es sich hier um die informelle Vergangenheit handelt.

   Wie du ja weißt, drückt die *tai*-Form eine Absicht aus oder kann auch Zukunft bedeuten, was hier allerdings nicht der Fall ist.

   Denk daran, dass die *tai*-Form dekliniert wird. Die Vergangenheitsform von -*tai* ist also -*takatta*.

   Bleibt nur noch die Wurzel des Verbs. Sie ist sehr leicht zu erkennen, auch wenn sie nicht in Kanji steht: あげ(る) = Verb geben.

メモ

掃除	Putzen / Saubermachen
当番	Vertrag / Aufsicht

55

ドイツ語

1a V...V... Vielen Dank für die Aufmerksamkeit.

2a Das war doch das Mindeste, was ich für meinen besten Aikidôka tun konnte.

3a Und das ist für dich, Nagaoka.

3b Im Ernst? Vielen Dank!

4a Du bist dran, das Tatami zu fegen.

4b Das war das Mindeste, was ich für meinen schlechtesten Aikidôka tun konnte.

LESEN!

1. Achte auf das erste Panel!

   Der Ausdruck 待たせてごめん ist eine Variation von お待たせ (4-Panel-Strip Nr. 40). In diesem Fall trägt er jedoch kein ehrenvolles Präfix, ist umgangssprachlicher und beinhaltet noch eine Entschuldigung: ごめん (»Entschuldige, dass ich dich hab warten lassen.«)

   Achte auf den Gebrauch der *te*-Form in diesem Ausdruck!

2. Lies den gesamten 4-Panel-Strip und betrachte den Text der Sprechblase 3a!

   Der Ausdruck ほんの気持ちですから ist eine der Phrasen, die die Handlung des Beschenkens begleiten: »dafür nicht«, »gern geschehen«, als Synonym für »das macht doch keine Umstände«.

   Wie du ja bereits weißt, ist für die Japaner die Vorstellung, etwas geschenkt zu bekommen, immer damit verbunden, dass sich jemand die Mühe gemacht hat, etwas auszusuchen und es zu bezahlen. Wenn man jemandem etwas schenkt, betont man daher immer, dass es sich »wirklich nur um eine Kleinigkeit« handelt.

メモ

受け取る	empfangen / erhalten / annehmen
絶対	sicher / absolut / unbedingt
そうそう	ja (informell)

ドイツ語

1a Haruka, entschuldige bitte die Verspätung, aber ich war mit Putzen dran.

2a Macht doch nichts. Sieh mal, ich hab dir das hier mitgebracht.

2b Hä? D… Das k… kann ich d… doch nicht a… anehmen …

3a Ach, ist wirklich nichts Besonderes. Nimm ruhig.

3b A… Aber … die Pralinen … bedeuten doch …

3c Ja …

4a Ja. Dass du sie Kei geben sollst! Dann verliebt er sich garantiert in dich!

1. Lies den gesamten 4-Panel-Strip und achte auf die Sprechblase in Panel 1!

   Diese Phrase wird benutzt, um sich für ein Geschenk zu bedanken. Es ist ein sehr förmlicher Ausdruck.

2. Achte auf den Text in 1b.

   Denk daran, dass der Ausdruck とんでもないです als Erwiderung auf einen Dank benutzt wird: »dafür nicht«, »gern geschehen«, »ist doch nicht der Rede wert«.

3. Achte auf die Form des Verbs あげる in 2b.

   作る → ～てあげる (あげよう)
   作ってあげよう

   Es handelt sich hier um die Verbform eines Vorschlags (informell).

   あげましょう → あげよう

メモ

ハートチョコ	herzförmige Pralinen
割れる	zerbrechen / springen / bersten
いやな	schlecht / übel / unangenehm
感じ	Gefühl / Empfindung

57

ドイツ語

1a Danke für die Pralinen.

1b Gern geschehen. Ich hab sie selbst gemacht. Ich weiß nicht, wie sie schmecken.

2a Diese Kurumada.

2b Ich hab gestern versucht, auch für Kei Pralinen zu machen.

3a Sie waren herzförmig. Aber als ich aufwachte ...

4a ... waren alle zerbrochen.

4b Was für ein Unglück!

LESEN!

1. Wie du sicher schon bemerkt hast, kommt hier ein Satz vor, in dem die Reihenfolge der Elemente verändert wurde.

行かないの？　仕事

Du weißt schon, dass im Japanischen **das Verb immer am Satzende steht.** Danach müsste der Satz wie folgt lauten:

仕事に行かないの？

Wie wir schon oft gesehen haben, spiegeln die Texte im Manga die **gesprochene Sprache** wider und verwenden meist Ausdrücke des **umgangssprachlichen Japanisch**. Es gibt einige Fälle, in denen die Verben vor einem **ans Satzende gerückten** Element stehen. Solche Phrasen findest du immer dann, wenn:

(1) der Sprecher sich gerade erst einer Sache bewusst wird und diese Information dem schon Gesagten hinzufügen will.
(2) der Sprecher ein Element besonders hervorheben will, was bei 仕事 (die Arbeit) der Fall ist.

2. Achte auf den Text in 3a. Hier steht 毎週.

Dieser Ausdruck ist schon in einem früheren Abschnitt vorgekommen. Da du jetzt aber auch weißt, dass im Japanischen Elemente wie **Zählwörter** verwendet werden, um Wortarten klassifizieren zu können, kannst du diesen Begriff als **temporalen Klassifikator** erkennen.

毎週 (*maishû*) → jede Woche
週 (*-shû*) → Zählwort für Wochen

Es gibt noch viel mehr Zählwörter (Stunden, Monate, Jahre etc.), die wir im nächsten Band behandeln werden.

3. Achte auch auf die Verben und die Adjektive!

Lies sie und überleg dir, wie sie konjugiert werden! Hast du alle Verben erkannt?

Denk daran, dass Adjektive wie Verben funktionieren! Hast du eins gefunden? Was fällt dir zu 面白くなかった (*omoshirokunakatta*) ein?

メモ

辞めた	abdanken / sein Amt niederlegen / zurücktreten
別の	anderer / unterschiedlich
テーマ	Thema
テトリス	Tetris

58

ドイツ語

1a Gehst du zur Arbeit?

1b Ich komme mit.

2a Nein, ich hab da aufgehört.

2b Was? Wieso das denn?

3a Die verkleiden sich jede Woche als ein anderes Videospiel aus Start Game.

4a Und als ein Teil aus Tetris verkleidet zu sein, ist einfach nicht so cool!

LESEN!

1. Auch in diesem 4-Panel-Strip kommt ein Satz vor, in dem die Reihenfolge der Elemente verändert wurde.

けいくんにあげる？チョコ。

Die logische Reihenfolge des Satzes wäre wie folgt:

チョコをけいくんにあげる？

Hier wird versucht, die Aufmerksamkeit auf das nachgestellte Element zu lenken: チョコ (Pralinen) wird hier also betont.

2. Analysiere die Partikeln, um die folgenden Wortgruppen zu verstehen!

Neben den Ausdrücken findest du Hinweise:

- けいくんにあげる → Kei geben
- チョコをもあるの → Pralinen bekommen
- 愛情を伝えるチャンス → eine Gelegenheit, um eine Liebeserklärung zu machen
- 本当に → wirklich
- 分かれたのね → ihr habt Schluss gemacht

3. Analysiere alle Verben. Wie werden sie konjugiert?

– あげる	Infinitiv
– もらう	Infinitiv
– はじめて	*te*-Form (はじめる)
– いたします	*masu*- Form, *Präsens* (いたす)
– つたえる	Infinitiv (das Hauptverb wurde in diesem Satz weggelassen)
– 感じてない	progressive *te*-Form, verneinend
– わかった	informelle Vergangenheit (わかる)
– 別れて	informelle Vergangenheit (別れる)

わかってないじゃん

Weißt du, aus welchen Elementen diese Verbalphrase besteht?

メモ

預かる	aufbewahren / verwahren
愛情	Liebe / Zuneigung
伝える	mitteilen / übermitteln
チャンス	Gelegenheit / Chance
別れる	sich trennen / Schluss machen / beenden (eine Beziehung)

ドイツ語

1a Schenkst du Kei jetzt diese Pralinen, oder nicht?

1b Ich habe zum ersten Mal von einem Mädchen Pralinen geschenkt bekommen. Die behalte ich.

2a Aber das ist doch eine gute Gelegenheit, eine Liebeserklärung zu machen.

2b Ich bin aber nicht in Kei »verliebt«.

3a Ah, jetzt verstehe ich.

3b Sicher?

4a Ihr habt Schluss gemacht!

4b Du hast überhaupt nichts kapiert!

59

LESEN!

1. Lies den gesamten 4-Panel-Strip!

In der ersten Sprechblase findest du eine Interjektion.

きゃ！

Es gibt viele Möglichkeiten, um eine Sprache bunter zu gestalten, wie zum Beispiel Interjektionen, die Gefühle ausdrücken. In diesem Fall weist die Interjektion auf Erstaunen oder Überraschung hin: Haruka fällt das Bild runter und sie ruft きゃ.

Es gibt Interjektionen und Ausrufe, die zum Teil schon vorgekommen sind und auch im Folgenden noch vorkommen werden. Wir werden sie detaillierter behandeln, wenn sie in einem der 4-Panel-Strips auftauchen. Damit wir sie bis dahin nicht vergessen, hier eine kleine Auflistung der Interjektionen, die am häufigsten im Manga zu finden sind.

– **Überraschung** (Wow!):

あ	Hui!
ああ	Ah!
あれえ	Hä?
おや	Hoppla! / Nanu!
まあ	Ach was!

– **Erstaunen** (Was du nicht sagst?!):

え?	Was? / Echt? / Wirklich?
まさか?	Das kann nicht sein?!
へえ?	Was redest du denn?!

– **Zweifel**

うそ!	Das glaub ich nicht! (Lüge)
はてな?	Ich frage mich ...

– **Verständnis / Einsehen** (Ach so!):

へえ	ach wirklich ... / ach was ...
なるほど	Ich seh schon ...

– **Erleichterung** oder **Resignation**

ああ	pff ... / puh ...
やれやれ	Ach Mensch! / Manno!

メモ

落とす	fallen lassen / hinschmeißen
ほとんど	fast alle / fast ganz / größtenteils

60

ドイツ語

1a Ui! Es hab's runterfallen lassen.

2a Das sind die Zeichnungen, die du im Start-Game-Café gemacht hast ...

3a Auf den meisten Bildern bin ich drauf ...

3b Ha ha! Ja, aber komm jetzt nicht auf komische Gedanken.

4a Du bist ja wohl diejenige, die hier komische Sachen denkt.

61

メモ

繰り返す wiederholen

Achte auf den Ausdruck des **Zweifels**! Haruka zögert zunächst, aber Seiichi kann sie doch noch überzeugen. Blättere zum vorherigen 4-Panel-Strip zurück und sieh dir noch einmal die Auflistung der Interjektionen an.

ドイツ語

1a Also, Kei gefällt dir überhaupt nicht.

1b Weder er noch irgendein anderer Mann.

2a Nein, wirklich?!

2b Doch, im Ernst.

3a Ach soooo!

4a Mal sehen, wiederhole es doch bitte noch mal. Nur um zu sehen, ob du's wirklich verstanden hast.

4b Ja doch! Ich hab's endlich kapiert!

メモ

アツアツの　leidenschaftlich

ロマンス　Romanze/Liebesgeschichte

62

Achte auf die Ausdrücke der Resignation und des Erstaunens! Sie sind in den vorherigen 4-Panel-Strips schon häufiger vorgekommen. Liebst du Herausforderungen? Dann finde die Ausdrücke!

ドイツ語

1a Es hätte eine leidenschaftliche Romanze sein können.

2a Tja, da kann man nichts machen.

3a Na ja, zwischen uns beiden kann es ja auch eine leidenschaftliche Liebesgeschichte geben!

3b Na klar!

4a Was?!

日本語
JAPANISCH
CRASHKURS

Hiragana

Ist eine der beiden japanischen Silbenschriften, die für alle Wörter benutzt wird, die nicht mit *Kanji* geschrieben werden können wie zum Beispiel für Konjugationen und grammatikalische Satzelemente.

あ a	い i	う u	え e	お o					
か ka	き ki	く ku	け ke	こ ko	が ga	ぎ gi	ぐ gu	げ ge	ご go
さ sa	し shi	す su	せ se	そ so	ざ za	じ ji	ず zu	ぜ ze	ぞ zo
た ta	ち chi	つ tsu	て te	と to	だ da	ぢ ji	づ zu	で de	ど do
な na	に ni	ぬ nu	ね ne	の no					
は ha	ひ hi	ふ fu	へ he	ほ ho	ば ba	び bi	ぶ bu	べ be	ぼ bo
					ぱ pa	ぴ pi	ぷ pu	ぺ pe	ぽ po
ま ma	み mi	む mu	め me	も mo					
や ya		ゆ yu		よ yo					
ら ra	り ri	る ru	れ re	ろ ro					
わ wa				を wo					
ん n									

きゃ kya	きゅ kyu	きょ kyo	ぎゃ gya	ぎゅ gyu	ぎょ gyo			
しゃ sha	しゅ shu	しょ sho	じゃ ja	じゅ ju	じょ jo			
ちゃ cha	ちゅ chu	ちょ cho						
にゃ nya	にゅ nyu	にょ nyo						
ひゃ hya	ひゃ hyu	ひゃ hyo	びゃ bya	びゅ byu	びょ byo	ぴゃ pya	ぴゅ pyu	ぴょ pyo
みゃ mya	みゅ myu	みょ myo						
りゃ rya	りゅ ryu	りょ ryo						

日本語
JAPANISCH
CRASHKURS

Katakana

Ist eine der beiden japanischen Silbenschriften, die für alle nicht-japanischen Wörter, ausländische Namen und manchmal auch zur besonderen Hervorhebung bestimmter Begriffe benutzt wird.

ア a	イ i	ウ u	エ e	オ o					
カ ka	キ ki	ク ku	ケ ke	コ ko	ガ ga	ギ gi	グ gu	ゲ ge	ゴ go
サ sa	シ shi	ス su	セ se	ソ so	ザ za	ジ ji	ズ zu	ゼ ze	ゾ zo
タ ta	チ chi	ツ tsu	テ te	ト to	ダ da	ヂ ji	ヅ zu	デ de	ド do
ナ na	ニ ni	ヌ nu	ネ ne	ノ no					
ハ ha	ヒ hi	フ fu	ヘ he	ホ ho	バ ba	ビ bi	ブ bu	ベ be	ボ bo
					パ pa	ピ pi	プ pu	ペ pe	ポ po
マ ma	ミ mi	ム mu	メ me	モ mo					
ヤ ya		ユ yu		ヨ yo					
ラ ra	リ ri	ル ru	レ re	ロ ro					
ワ wa				ヲ wo					
ン n									

キャ kya	キュ kyu	キョ kyo	ギャ gya	ギュ gyu	ギョ gyo			
シャ sha	シュ shu	ショ sho	ジャ ja	ジュ ju	ジョ jo			
チャ cha	チュ chu	チョ cho						
ニャ nya	ニュ nyu	ニョ nyo						
ヒャ hya	ヒュ hyu	ヒョ hyo	ビャ bya	ビュ byu	ビョ byo	ピャ pya	ピュ pyu	ピョ pyo
ミャ mya	ミュ myu	ミョ myo						
リャ rya	リュ ryu	リョ ryo						

María Ferrer

Ihr Interesse an Manga und der japanischen Kultur machten sie zur Japanisch-Übersetzerin. María Ferrer übersetzt seit mehr als zehn Jahren Comics, Manga und Anime und sie ist in dem Studienzirkel *Kaika* aktiv, der sich mit dem modernen Japan auseinandersetzt. Von Zeit zu Zeit unterrichtet sie auch Japanisch.

David Ramírez

Vor zehn Jahren machte sich David Ramírez mit seinen destruktiven Manga-Parodien (*Humor Amarillo*) einen Namen. Seither hat er seinen Lesern stets ein Lächeln entlocken können, seien sie nun Manga-Fans (*B3*), Fans amerikanischer Comicserien (*Haciendo Amigos*) oder Leser von Kindergeschichten (*Minimonsters*).

はるかと申しま〜す
B型で〜す
Kommt dir Japanisch auch wie ein Haufen außerirdischer Zeichen vor?
Ich heiße Haruka und meine Blutgruppe ist B.
Mit *Japanisch Crashkurs* wird das jetzt anders.
Oh!
Damit kannst du alles verstehen, was diese merkwürdige Tante hier sagt!

UND DAS ERWARTET DICH IM NÄCHSTEN BAND VOM

日本語
JAPANISCH CRASHKURS

DU MÖCHTEST UNBEDINGT NOCH BESSER JAPANISCH LESEN UND SPRECHEN LERNEN? DANN FREU DICH AUF BAND 3! DENN DARIN ERFÄHRST DU NICHT NUR ALLES ÜBER DIE VERWENDUNG DES PASSIVS SOWIE DER KONDITIONALFORMEN, SONDERN AUCH ÜBER DEN BERÜHMT-BERÜCHTIGTEN KANSAI-DIALEKT!

HARUKA, MAYU, KEI UND SEIICHI FREUEN SICH SCHON AUF DICH!

日本語
JAPANISCH
CRASHKURS

日本語

JAPANISCH
CRASHKURS